임동석중국사상100
# 백가성
百家姓

作者未詳 / 林東錫 譯註

錢鏐 五代 南唐의 군주 《백가성》과 깊은 관련이 있는 듯하다.

"상아, 물소 뿔, 진주, 옥. 진괴한 이런 물건들은 사람의 이목은 즐겁게 하지만 쓰임에는 적절하지 않다. 그런가 하면 금석이나 초목, 실, 삼베, 오곡, 육재는 쓰임에는 적절하나 이를 사용하면 닳아지고 취하면 고갈된다. 그렇다면 사람의 이목을 즐겁게 하면서 이를 사용하기에도 적절하며, 써도 닳지 아니하고 취하여도 고갈되지 않고, 똑똑한 자나 불초한 자라도 그를 통해 얻는 바가 각기 그 자신의 재능에 따라주고, 어진 사람이나 지혜로운 사람이나 그를 통해 보는 바가 각기 그 자신의 분수에 따라주되 무엇이든지 구하여 얻지 못할 것이 없는 것은 오직 책뿐이로다!"

《소동파전집》(34) 〈이씨산방장서기〉에서 구당(丘堂) 여원구(呂元九) 선생의 글씨

## 책머리에

어릴 때 내 살던 동네는 온통 순흥안씨 집성촌으로 타성은 우리 집과 그 외 몇 집이 있을 뿐이었다. 그리고 동네는 '성成'자 돌림과 그 아래 항렬 '호鎬'자 돌림으로 내 또래는 삼촌, 사촌, 오촌, 8촌으로 그를 통해 나는 누가 누구와 몇 촌이며 그 할아버지는 같은 사람이었고 그 고모는 어떻게 가계가 얽혀있는 것이려니 하고 자연스럽게 배울 수 있었다. 그러면서 한편으로는 망골산 끝자락 우리 집은 그저 부모님과 우리 3남매가 오롯이 별세계에서 온 이방인처럼 느끼곤 하였다. 이에 아버지가 보물처럼 간직하고 있던 집안 대동보와 파보를 펼쳐놓고 설명을 듣고는 비로소 우리는 이렇게 살아왔고 우리 할아버지는 형제 중 몇 째이며 누구의 할아버지는 우리 할아버지의 아우이며 나아가 우리 집에 드나들던 작은 아버지는 셋째 할아버지가 아들이 없어 양자로 갔다는 등 내력을 알게 되었다. 그리고 백부, 숙모, 고모, 이모, 당숙, 이종, 고종, 외조모, 외당숙이 무슨 관계인지 헷갈릴 때면 어머니는 땅에 계보를 그림으로 그리면서 설명해 주곤 하셨다.

세월이 흘러 친척도 제 살길 바빠 흩어지고 나아가 핵가족이니 외아들 외딸이니 하는 시대 흐름에 따라 도시생활, 산업화의 바쁜 일상으로 점차 소원해진 혈족 관계는 이제 내 딸에게 아무리 그런 관계를 설명해 주어도 그저 이는 학습 요소일 뿐 현실적으로는 피부에 와 닿지 않는 사어死語로 묻혀가는 것이 아닌가 허망할 때가 있다. 이러한 현상 속에 건조함을 넘어 '한 다리 건너 천리'요 '원친불여근린遠親不如近隣'의 안타까움 속에 그저 결혼식이나 경조사에 마지못해 가야 하는 부담감으로 다가오고 있으며, 눈에 멀어 마음에도 멀어지는 세태를 힘겹게 살고 있는 군상 중의 하나가 된 것이다. 우리는 지금 농업 사회의 정착민이 아니라 도시 속의 유목민이 되어 뿌리 없는 부평초가 된 채 박제된 족보를 껴안고 있는 셈이 되고 만 것이 아닌가 한다. 민족 전체의 역사에 대해서는 털끝만큼의 오류나 한 줄이라도 잘못된 서술이 있는 역사교과서가 나타나면 온 국민이 신경을 곤두세우고 반응을 보이면서 어찌 내 핏줄의 내력에 대해서는 무지한 상태로 생육을 이어가고 있는가?

우리는 누구나 성씨를 가지고 있다. 적어도 우리는 그 뿌리에 대하여 아련한 향수를 가지고 있다. 그럼에도 나의 이 성씨가 어떤 연유를 가지고 지금 나를 형성하고 있는지에 대해서는 신화 속의 일처럼 여기며 제대로 파악하지 못하고 있는 사람을 가끔 보게 된다. 현실이 급하고 그저 생업이 바쁜 때문이리라.

이에 우선 고전 역주의 한 분야로 중국 《백가성》을 들여다보았다. 중국 송나라 때 나온 것으로 504개의 중국 성씨를 운韻에 맞추어 정리한 지극히 평범하고 하찮은 아동용 몽학서蒙學書이다. 중국은 지금도 책방마다 이 책이 《삼자경三字經》, 《천자문千字文》과 함께 소위 '삼백천'三百千이라 하여 어린이 도서 첫머리에 진열되어 쉽게 접할 수 있게 되어 있다. 나아가 중국 어린이라면 누구나 "조趙(Zhào), 전錢(Qián), 손孫(sūn), 리李(Lǐ)"하고 운에 맞추어 입에 줄줄 외우며 다닌다. 그리고 어린 시절 이를 통해 주위 사람의 성씨를 익히고 아울러 한자도 자연스럽게 익히는 이중 소득을 얻고 있다. 지금 만나는 중국인에게 이 《백가성》 이야기를 꺼내면 즉시 "아, 내 어릴 때 외우느라 고생했지요. 조전손리趙錢孫李……라구요"하며 입에 한참을 쏟아낸다. 우리도 중고등학교 때는 교복 가슴에 한자 명찰을 달고 다녀 이를 통해 한자도 알고 성씨도 알았다. 지금 기억에도 '남궁南宮, 간簡, 감甘, 도都, 제諸, 가賈, 표表' 등 몰랐던 희귀한 성씨도 있구나 하고 느꼈던 기억이 생생하다.

중국에는 지금 성씨를 통한 뿌리 찾기에 열기가 한창 달아오르고 있다. 지난 여름 산서성山西省을 여행할 때 교가대원喬家大院, 거가대원渠家大院, 왕가대원王家大院, 삼다당三多堂, 조씨호택曹氏豪宅 등을 둘러보며 자료를 모을 기회를 얻었었다. 그 외 그곳에는 온통 성씨별 장원莊園과 항진巷鎭이 즐비하였는데 모두가 자신의 성씨 뿌리 찾기인 '심근려유尋根旅游' 팀을 만들어 찾아온 탐방객으로 발 디딜 틈이 없을 정도였다. 그리고 지난해에는 멀리 운남雲南 루구호瀘沽湖 나시족納西族 모쏘인摩梭人의 모계사회 원형도 살펴볼 수 있었다.

우리나라 성씨도 중국에 연원을 두고 있는 성씨가 적지 않다.
이를테면 필자만 해도 평택임씨平澤林氏《대동보大同譜》에는 "우리 임씨의 득성에 대한 설은 두 가지이다. 하나는 당요唐堯 때 어떤 신인이 기주 태원현의 쌍목 아래로 내려왔는데 모습이 위대하고 재지가 뛰어나 임씨 성을 하사하였다는 것과 또 하나는 은나라 왕자 비간의 아들이 자가 견으로 장림산에 은거하여 임자를 성씨로 삼았다는 것이다"(吾林得姓之源有二說: 一唐堯初, 神人降于冀州太原縣雙木下, 容狀甚偉, 才智過人, 因以賜姓林氏云. 一殷王子比干之子諱堅, 隱於長林山, 故以林字爲姓云)이라 하여 아예 중국 성씨에 근원을 두고 있으며, 한국에서의 평택임씨가 있게 된〈환관사유逻貫事由〉에는 "팽성은 평택의 옛 이름으로 한림학사를 지낸 휘 임팔급이라는 분이 당나라에서 참훼를 입어 쫓겨나 팽성의 용주방에 정박하게 되었다. 뒤에 평택백에 봉해졌으니 이가 바로 우리 동방 임씨의 시조이다"(彭城, 平澤古號. 翰林學士林公諱八及, 自唐被讒見逐, 來泊于彭城龍珠坊, 後封平澤伯. 卽東方吾林之始祖也)라 하여 당나라 한림학사를 지낸 휘諱 임팔급林八及이라는 분이 중국에서 핍박을 받아 한반도로 건너와 지금의 경기도 평택에 자리를 잡고 뒤에 평택백으로 봉을 받아 첫 임씨 시조가 된 것으로 되어 있다.

이처럼 중국에서 온 귀화하여 동방의 성씨가 된 내력으로부터 아예 중국 지명을 본관으로 그대로 쓰는 예도 있으며 중국 성인이나 귀인의 성씨라고 자랑스럽게 여기는 경우도 있다. 따라서 이 《백가성》은 우리 성씨를 연구하고 득성의 내력을 밝혀낼 수 있는 소중한 자료임에는 틀림없다.

그러나 지금 우리는 성을 모두 한글로만 표기하고 나아가 원음도 지키지 않음으로 인해서 성씨의 구분이 어렵고 변별지표로써의 기능도 퇴색되어 가고 있다. 나아가 경우에 따라서는 부계중심에서 모계까지의 선택도 가능하여 이제 이름 앞에 붙는 대단위 포괄적 성씨로 의미가 확대되어 가는 것이 아닌가 여겨진다. 물론 시대의 흐름을 거역할 수는 없지만 그래도 법률 문서에는 한자로 병기하여 그 뿌리가 어딘지 정확히 알 수 있도록 해야 할 것이 아닌가 한다. 이 《백가성》은 그러한 의미에서 우리의 성씨에 대한 선행 연구 자료로 우선 초보적인 해석서를 내놓게 되었다. 물론 중국 성씨학이나 보학에 깊은 연구나 견식이 있는 자가 아닌 필자로서는 그저 중국의 자료를 모아 번역 역주한 정도에 그친 정도임을 이해해 주기를 바란다.

茁浦 林東錫이 負郭齋에서 적다.

## 일러두기

1. 이 책은 민국초民國初 석인본石印本《백가성百家姓》을 기본으로 하여 《백가성百家姓》 마자의馬自毅・고굉의顧宏義(注譯. 三民書局 2005. 臺北) 현대 역주본을 근거로 완역한 것이다.
2. 그 외《중국성씨대탐원中國姓氏大探源》이호연李浩然(編著. 中國長安出版社 2006. 北京)과《중국백가성심근유中國百家姓尋根游》황리黃利・주굉周宏(主編. 陝西師範大學出版社 2007. 西安)은 연구와 역주에 큰 도움을 주었음을 밝힌다.
3. 한편 북경연산출판사北京燕山出版社 본은 원문만 제시되어 있으며 그 밖의 지금 중국 전체에 널리 퍼진《백가성》은 어린이용, 혹은 국학용으로 그저 504개의 성씨 나열에 그쳐 앞에 밝힌〈삼민본〉에 전적으로 의존할 수밖에 없음을 밝힌다.
4. 전체 성씨 504개를 일련번호를 부여하고 그 음은 한국어와 중국어 한어병음방안자모로 실어 대조와 연구, 그리고 검색에 용이하도록 하였다.
5. 성씨별로 원류를〈삼민본〉에 의해 번역하고 역시 그 책에 제시된 역사상 주요 인물을 나열하였다.
6. 부록에는〈삼민본〉에 실린 현존《백가성》에 수록되지 않은 138개 성씨를 그대로 번역하여 제시하였다. 그리고 민국초民國初 석인본石印本 《백가성》 전체를 영인하여 실어 연구와 검색에 도움이 되도록 하였다.
7. 해제의「한국의 성씨」부분은《한국의 성씨 이야기. 흥하는 성씨 사라진 성씨》(김정현 지음. 2001. 조선일보사)를 기본으로 참고하여 정리 요약하였음을 밝힌다.
8. 이 책을 역주함에 참고한 주요 문헌은 아래와 같다.

● 참고문헌

1. 《百家姓》馬自毅·顧宏義(注譯) 三民書局, 2005. 臺北
2. 《百家姓》張兆裕(編著) 北京燕山出版社, 1995. 北京
3. 《百家姓》劉學隆 國學出版社, 1974. 基隆 臺灣
4. 《百家姓》(〈國學經典〉) 錢玄溟(編撰) 中國長安出版社, 2006. 北京
5. 《百家姓》劉德來(編) 時代文藝出版社, 2002. 長春 吉林
6. 《百家姓》杜海泓(編) 華文出版社, 2009. 北京
7. 《百家姓》李盛强(編) 重慶出版社, 2008. 重慶
8. 《中國姓氏大探源》李浩然(編著) 中國長安出版社, 2006. 北京
9. 《中國百家姓尋根游》黃利·周宏(主編) 陝西師範大學出版社, 2007. 西安
10. 《百家姓》(〈中國名著〉) 姚麗萍·顔朝輝(編著) 中國戲劇出版社, 2005. 北京
11. 《華夏姓名面面觀》王泉根(著) 廣西人民出版社, 1988. 南寧
12. 《怎樣起名·姓名趣談》蔡萌(編著) 華夏出版社, 1988. 北京
13. 《한국의 성씨와 족보》이수건 서울대학교 출판부, 2003. 서울
14. 《한국의 성씨 이야기(흥하는 성씨 사라진 성씨)》 김정현 조선일보사, 2001. 서울
15. 《韓國姓氏大觀》최덕교 창조사, 1971. 서울
16. 《中國大百科全書》(民族) 中國大百科全書出版社, 1986. 北京

해제

1. 《백가성》의 찬술

《백가성》은 《삼자경》·《천자문》과 함께 소위 '삼백천三百千'이라 불리는 중국 고대 대표적인 아동용 동몽서童蒙書의 하나이다. 중국 송宋나라 건국 (960)부터 오월국吳越國이 송나라에 귀순한 978년 사이에 이루어진 것으로 보고 있다.

이 책의 작자(편자)는 알 수 없다. 다만 남송南宋 왕명청王明清은 《옥조신지玉照新志》라는 책에 처음으로 이 책을 거론하여 "兩浙錢氏有國時, 小民所著"라 하여 전씨錢鏐가 절강浙江에 오대십국五代十國의 하나였던 오월국을 가지고 있을 때 어떤 백성이 지었을 것으로 보았다.

그 뒤 넝내明代 이우李詡는 왕명청의 의견을 통괄하여 그저 "必宋人所編也"라 하였고, 청淸 강희康熙 연간의 왕상王相, 晉升은 다시 "宋初, 錢塘老儒所作"이라 하였다. 결국 누가 편찬했는지는 알 수 없었던 것이다.

그런데 이 책은 4자 8구에 압운을 한 운문韻文 형식을 취하고 있으며, 그 첫머리가 바로 "조전손리趙錢李孫"으로 되어 있다. 이에 따라 '조趙'는 북송의 개국 군주 조광윤趙匡胤의 국성國姓을 내세운 것이며, '전錢'은 오월국 국왕 전류錢鏐의 성씨, 그리고 '손孫'은 전류의 손자 전숙錢俶의 정비正妃이며, '이李'는 남당(南唐, 937~975) 군주 이변李昪을 가리킨다고 본 것이다.

이 오월국은 지금의 절강, 강소 지역에 전류가 세웠던 나라로 907년부터 978까지 이어져 왔었다. 그 나라는 후량後梁 태조太祖로부터 13주州를 다스리도록 왕으로 허락을 받았다가 송나라 조광윤이 송나라를 세웠을 때 그대로 존속하였으나 결국 978년 전류의 손자 전숙錢俶이 나라를 송나라에 바치게 된다. 그로 인해 전숙은 송 태조 조광윤으로부터 등왕鄧王으로 책봉되면서 태사상서령겸중서령太師尙書令兼中書令의 직함을 얻게 된다. 이에 그는 자신의 고국 오월국 노유老儒들이 복종하지 않을 것을 걱정하여 조성趙姓을 앞세우고 다시 자신의 성과 자신의 정비의 성씨, 그리고 남당(이변)의 남방 대성을 앞으로 내세워 《백가성》을 짓도록 하였을 것이라 하였다.

앞서 밝혔듯이 이 책은 그저 성씨를 나열하되 격구隔句 끝자를 압운한 정도이며 그 순서는 기준은 없고 게다가 넉자 혹은 여덟 자가 뜻이 있는 문장을 이룬 것도 아니다. 그럼에도 운에 맞추어 읽고 외우기에는 어린이들에게는 더 없이 좋은 자료가 된 것이다.

당시 이 책의 초기본은 472자 단성單姓 408, 복성複姓 30(60자) 그리고 맨 끝에 "백가성종百家姓終" 4글자로 이루어져 있다. 그러나 지금 통행본은 모두 568자 단성 408, 복성 60(120자)으로 504개의 성씨를 싣고 있다.

한편 송대 이미 이 책의 아류로 《천가편千家編》이 있었으며 명대 《황명백가성皇明百家姓》은 당시 명나라 왕성 주씨朱氏를 앞으로 내세워 "주봉천운朱奉天運, 부유만방富有萬方. 성신문무聖神文武, 도합도당道合陶唐"으로 이어지고 있으며, 청대 강희康熙 연간 출간된 《어제백가성御制百家姓》은 공자의 공씨孔氏를 시작으로 하여 "공사궐당孔師闕黨, 맹석제량孟席齊梁, 고산첨앙高山詹仰, 추로영창鄒魯榮昌, 염계종정冉季宗政, 유하문장游夏文章"으로 이어지고 있다. 그러나 지금 통행본은 초기본 《백가성》 그대로 순서를 지키며 다만 복성이 증가되어 있다.

## 2. 《백가성》의 변천

이 《백가성》은 《삼자경》이나 《천자문》과 함께 아동 몽학서로 그 이름을 널리 떨치고 있지만 실제 《삼자경》이 송대 대유大儒 왕응린王應麟이라는 이름이 관련된 점이나 《천자문》이 양梁 무제武帝와 왕희지王羲之, 지영智永 등 엄청난 권위와 영향력이 있는 대가들과 연관된 점에 비하면 편자의 이름도 없고 문장도 이루지 못한 통속본일 뿐이었다. 이처럼 시작은 아주 미미하고 보잘것없으며 지금 통행본도 겨우 12쪽 정도의 얇은 책이었지만 그럼에도 지금까지 널리 읽히고 펴진 것은 그 나름대로 이유가 있다. 바로 천하 누구나 성씨를 가지고 있는 성씨라는 것을 자료로 삼아 아동들로 하여금 문자를 익힘과 함께 주위 함께 사는 이웃의 서로 다른 성씨를 익히고 이해함으로써 화합과 단결을 통해 유기적 공동체를 이룰 수 있도록 해 주어왔기 때문이다.

이토록 무려 천여 년이 넘도록 이어오면서 일부 학자들의 단편적 기록에 의해 그 일부를 알아볼 수 있는 것은 이 책이 그야말로 통속적이요 아동용이었기 때문이었다. 그 기록은 앞서 《옥조신지》에 처음 기록을 남긴 이래 그 뒤 남송 애국시인 육유陸游, 放翁은 〈추일교거秋日郊居〉라는 시 "授罷村書 閉門睡" 구절의 자주自注에 "《雜字》·《百家姓》之類, 謂之村書"라 하여 당시 이 책이 민간에 널리 퍼져 있었음을 알게 해주고 있다. 그리고 명대 여곤呂坤은 《사학요략社學要略》에서 《백가성》을 두고 "일상생활에 필요한 책"以便日用 이라 하여 긍정적인 평가를 내렸으며, 청대 왕상王相은 《백가성고략百家姓考略》이라는 글을 지어 "百家姓傳播至今, 童蒙誦習, 奉爲典冊"이라 하여 아동용으로 매우 중요한 책임을 강조하기도 하였다.

## 3.《백가성》의 판본

지금 전하는《백가성》은 대체로 3종류로 나누어 볼 수 있다.

우선 가장 널리 퍼져 있는 통속본 568자본으로 단성 444, 복성 60(120자), 그리고 끝에 "백가성종百家姓終"(지금 전하는 판본은 오히려 '百家姓續'으로 되어 있음) 4글자로 마무리 된 판본이다.

다음으로 472자의 단성 408, 복성 30(60자)이며 역시 끝에 "백가성종百家姓終"으로 끝을 맺은 판본이다.

마지막으로 같은 472자이며 단성도 408자이되 복성이 32(64자)인 것으로 이는 끝의 "백가성종百家姓終" 대신 "선우려구鮮于閭邱"의 선우鮮于씨와 여구閭邱씨를 넣어 마무리한 판본이다. 뒤의 두 판본은 청대 초기 이전까지 널리 유행하던 판본이며 앞의 첫째 것은 청말淸末에 나와 지금 널리 퍼진 판본이다. 뒤 두 판본은 명대 이후李翊는《계암노인만필戒庵老人漫筆》에 "百家姓一書, 四言成句, 單姓四百零八, 複姓三十. ……余兒時習之, 今書肆所鬻猶然, 此世傳本也"라 하여 당시까지 472자본이었음을 알 수 있다. 그리고 그는 당시 맨 끝 부분 "백가성종百家姓終" 대신 "선우려구鮮于閭邱"로 바뀐 판본이 있음도 지적하여 두 종류가 있었음을 밝히고 있다.

그러다가 청대 초기 낭야인琅琊人 왕상이《백가성고략》을 쓸 때는 도리어 같은 472자본 중에 "백가성종百家姓終"으로 된 것을 근거로 한 것으로 보아 "선우려구"는 선우씨나 여구씨 성씨를 가진 어떤 사람이 이를 고쳐 유행시킨 것이 아닌가 한다. 지금 통속본(568자)에는 이 "선우려구鮮于閭邱" 두 복성이 아예 본문에 실려 있고 끝은 초기본대로 "백가성종"으로 다시 환원되어 있다. 지금 통행하고 있는 통속본은 따라서 청대 후기 이루어진 것이며 바로《증광백가성增廣百家姓》의 그림이 있는 판본이 나오면서 단일본으로 널리 유행된 것으로 보인다.

그러나 이 백가성은 초기본 이후로 역시 개정과 변화를 겪은 것으로 보인다. 즉 원대 지정至正 3년(1343) 오吳 지역(지금의 江蘇 蘇州)에 《강변안江邊岸》이라는 책에 수록된 《백가성》은 송대 판본의 개작으로 여기에는 복성이 43개 실려있다. 그리고 앞서 설명한 대로 명대 주자를 처음으로 한 《황명백가성》과 청대 성조(聖祖, 愛新覺羅 玄燁)가 제정한 《어제백가성》은 공자를 앞세웠으며 이어서 청 함풍咸豊 연간 정안丁晏이 편찬한 《백가성삼편百家姓三編》은 원래 문장을 이루지 못한 채 낱개 성씨의 나열에 불과하던 내용을 뜻이 되도록 재구성한 책을 만들어 내기도 하였다. 즉 "咸豊萬壽, 安廣吉康, 國家全盛, 胡越向方"하는 식이다. 그 외 청대 이 《백가성》에 대한 연구와 주석서로는 황성주黃星周의 《백가성신전百家姓新箋》, 왕상의 《백가성고략》과 읭용王鏞의 《백가성수사百家姓廋辭》 능이 있다.

## 4. 중국 성씨와 '군망郡望'

《백가성》 원본을 보면 성씨의 글자 옆에 작은 글씨로 군 이름이 적혀 있다. 이를테면 "조趙(天水郡), 전錢(彭城郡), 손孫(樂安郡), 이李(隴西郡)"하는 식이다.

이를 군망郡望이라 하며 이는 우리나라 본本, 본관本貫, 관향貫鄉, 적관籍貫의 개념과는 의미가 약간 다르다. 우리는 처음 첫 시조가 취성取姓, 혹 득성得姓을 한 지명, 혹은 사성賜姓으로 받은 지명 등이 그 본관이다. 주로 군郡 이름이나 주州 정도의 지역이지만 일부 고대 큰 지명이었으나 지금은 아주 작은 지역으로 바뀐 경우도 있다.

그러나 중국에서는 어느 지역郡에서 망족望族, 큰 문벌門閥로 발전하여 집성군集姓郡을 이루었는가 하는 의미가 더 크다. 그 뒤 비록 그 군에서 떠났다 해도 그 군망은 하나의 성씨 구분 표지로 따라다니는 것은 우리의 본관이 늘 성씨를 따라다니며 같은 글자를 쓰는 성씨일지라도 구분 표지가 되는 것과 같다. 즉 우리의 '김해김씨金海金氏'니 '경주김씨慶州金氏' 하여 같은 성씨이면서도 그 본本 다르다고 우리는 누구나 알고 있다.

중국의 군망은 위진 때부터 당대에 이르기까지 군마다 그 곳의 현달한 대족가문을 대표적으로 일컬어 앙망하던 하나의 풍습인 셈이었다. 원래 군은 춘추시대부터 있어온 각 지역 행정구획이며 처음에는 수도(도읍)로부터 먼 지방에 설치하였으나 뒤에 점차 국토 전체를 알맞게 구분하여 행정의 편의를 도모하였던 것이다. 그러다가 진시황이 전국시대를 마감하고 중앙집권제도를 확립하기 위하여 주대의 봉건제封建制를 폐지하고 소위 군현제郡縣制를 실시하면서 구체화되었다.

진시황은 천하를 36개 군으로 나누었는데 구체적으로 삼천三川, 하동河東, 남양南陽, 남군南郡, 구강九江, 장군鄣郡, 회계會稽, 영천潁川, 탕군碭郡, 사수泗水, 설군薛郡, 동군東郡, 낭야琅琊, 제군齊郡, 상곡上谷, 어양漁陽, 우북평右北平,

요서遼西, 요동遼東, 대군代郡, 거록鉅鹿, 한단邯鄲, 상당上黨, 태원太原, 운중雲中, 구원九原, 안문雁門, 상군上郡, 농서隴西, 북지北地, 한중漢中, 파군巴郡, 촉군蜀郡, 검중黔中, 장사長沙, 내사內史였다. 그 뒤 다시 군을 더 설치하여 민중閩中, 남해南海, 계림桂林, 상군象郡, 광양廣陽, 하간河間, 초군楚郡, 陳郡, 동해東海 등 40여 개 군으로 증가하였다.

한漢나라가 들어서면서 봉건제와 군현제를 절충하여 소위 군국제郡國制를 실시하였다. 이에 서한西漢 말에는 무려 103개 군이 설치되었으며 동한東漢 때는 105개, 그 뒤를 이은 왕조들도 이를 형식적으로 답습하여 삼국시대에는 167개 군으로 증가하였다. 수隋나라는 '주군현州郡縣' 제도를 실시하여 초기에는 무려 241주州, 680군으로 늘어났으며 천하의 군을 재조정하여 큰 혼란을 빚기도 하였다. 당을 거쳐 송나라에 이르면서 점차 이 제도가 쇠퇴하여 송나라 초기 이 군현제는 폐지되고 말았다. 따라서 여기서의 군망은 실제 한위漢魏 시대를 거쳐 수당隋唐 때까지의 시기에 이미 성씨에 대한 지역 군과의 연결고리였으며 이것이 지금 그대로 성씨 구분의 표지로 내려오고 있는 것이다. 한편 이들 군망에 해당하는 망족들은 일부 세력을 과시하고 과거 영화를 그대로 누리고자 혼인과 신분, 재산 등에 횡포를 부리기도 하여 당唐 태종太宗 때는 이에 대한 대대적인 정리작업을 벌이기도 하였다.(《貞觀政要》 참조)

## 5. 성姓과 씨氏

성姓과 씨氏는 어떤 의미인가 하는 점이다.

원래 "고대에는 남자는 씨를 칭하고 여자는 성을 칭하였다"(三代之前, 姓氏 分而爲二, 男子稱氏, 婦人稱姓.《通志》氏族略序)라 하였는데 이는 '氏'는 지역과 집단을 뜻하며, '姓'은 어머니를 통한 혈통을 뜻하였다는 말이다. 이를테면 황제黃帝 헌원씨軒轅氏는 성은 희씨姬氏였으며 그 나라는 유웅국有熊國이라 하였다. 여기서 헌원은 지역, 지연, 무리를 뜻하며 그에 소속된 인물로 혈통을 따져들면 모계가 희씨였고 그 전체를 아우르는 나라는 유웅국으로 아마 곰을 토템으로 하는 부족이었을 가능성이 있다. 상고시대 성이라는 것이 없었으나 황제黃帝가 율려律呂를 불어 그 음에 맞추어 성을 정하였다고 한다. 그러나 이는 전설에 불과하며 그 이전에 이미 염제炎帝 신농씨神農氏, 姜姓, 태호太昊 복희씨伏羲氏, 風姓 등이 있었다. 따라서 성은 모계사회에서 어머니의 혈통에 따른 표지標識였으며, 씨는 아버지 집단의 사회생활을 위한 표지였음을 알 수 있다. 이에 따라 지금도 모계혈통의 흔적을 그대로 가지고 있는 성인 '女'자와 결합된 글자의 성 희姬, 강姜, 요姚, 규嬀, 사姒, 영嬴, 임姙 등이 존속하고 있다. 또한 부계의 집단을 표시하는 부락, 부족, 족류, 초보적인 국가를 구분하기 위한 씨라는 명칭은 일찍부터 있어 왔다. 이를테면 반고씨盤古氏, 천황씨天皇氏, 인황씨人皇氏, 지황씨地皇氏는 물론 그 뒤 인류문명과 도구, 발명, 발견 등과 연관된 명칭으로 유소씨(有巢氏, 집), 수인씨(燧人氏, 불), 복희씨(伏羲氏, 축목), 헌원씨(軒轅氏, 각종 기구 발명) 등이 있었고, 그 외 토템이나 활동, 지명 등과 연관된 것으로 공공씨共工氏, 백황씨柏黃氏, 혁서씨赫胥氏, 곤오씨昆吾氏, 갈천씨葛天氏, 무회씨無懷氏, 여와씨女媧氏 등 소위 '씨'로 불리는 집단이 셀 수 없이 많다.(《潛夫論》참조)

그리하여 근친결혼의 폐단을 피하기 위해 동성불혼同姓不婚의 기준으로 "明血緣, 別婚姻"을 내세운 것이다. 이는 지금 모계사회의 주혼走婚 풍습이 남아 있는 중국 운남雲南 루구호瀘沽湖 나시족納西族 모쏘인摩梭人의 경우를 보면 쉽게 알 수 있다.

이어서 역사가 흐르면서 중국 성씨는 대체로 첫째 모계 성씨에서 비롯된 다음 부계 사회로 바뀌면서 혈통과 가계의 표지를 위해 성을 갖기 시작하였는데 그 연원은 각기 지명이나 국명, 식읍 이름, 분봉 지역 이름 등에서 유래되기도 하였고, 토템이나 자연물에 대한 정령精靈 신앙에서 나온 것도 있다. 그런가 하면 족호나 관직 이름, 조상의 이름, 자, 호에서 비롯된 것, 외래 귀화 성씨, 변성, 개성, 간지, 수량, 항렬에 따른 것도 있으며 사성賜姓, 사씨賜氏, 모'성冒姓, 개싱改姓, 부성附姓, 설성竊姓 등 이루 헤아릴 수 없이 다양하다.

## 6. 중국의 '성씨학姓氏學'

중국에는 성씨의 발전과 변천을 연구하는 학문으로 '성씨학'이라는 것이 있다. 우리나라의 보학(譜學, 族譜學)과 같은 것이다. 이는 고고학, 역사학, 인류학, 언어문자학, 문화사, 민속학, 사회학 등 다양한 학문의 도움을 받아야 가능한 분야이다. 중국의 기록으로 최초 이 성씨학에 대한 언급은 춘추春秋 시대 이미 시작되었다. 등명세鄧名世의 《고금성씨서변증古今姓氏書辨證》 서문에 "春秋時, 善論姓氏者, 魯有衆仲, 晉有胥臣, 鄭有行人子羽, 皆能探討本源 自炎黃 而下, 如指諸掌"이라 하였다.

이어서 전국戰國시대 최초로 성씨에 대한 기록 《세본世本》 15편이 있었다고 한다. 고사손高孫似의 《사략史略》에 의하면 이 책은 "古史官記黃帝 以來, 迄春秋帝王公卿諸侯大夫譜系"라 하였다. 원서는 이미 사라졌으나 청대 전대소錢大昭와 왕모王謨의 집일본輯佚本에 〈서록序錄〉의하면 "欲稍知先古 世系源流, 捨世本, 更別無考據"라 하였다.

한편 당시 《좌전左傳》과 《국어國語》, 그리고 한대漢代 사마천司馬遷의 《사기》 등은 비록 성씨에 대한 전문서는 아니지만 이 방면 연구에 많은 자료를 제공하고 있다. 그 뒤 서한西漢 사유史游의 《급취편急就篇》에 〈성명편姓名篇〉이 있어 초보적인 성씨에 대한 아동용 몽학서로 빛을 발하기 시작하였고, 동한 때 왕부王符의 《잠부론潛夫論》과 응소應劭의 《풍속통風俗通》 역시 성씨학 연구에 도움을 주는 저작들이다.

그리고 구양수歐陽修는 〈숭문총목서석崇文叢目敍釋〉에서 "昔黃帝之子 二十五人得姓命氏, 由其德之薄厚; 自堯舜夏商周之先, 皆同出於黃帝, 而姓氏 不同. 其後世封爲諸侯者, 或以國爲姓, 至於公子公孫官邑諡族, 遂因而命氏,

其源流次序, 《帝繫》·《世本》言之甚詳. 秦漢以來官邑諡族, 不自別而爲姓, 又無賜族之禮. 至於近世遷徙不常, 則其得姓之因, 與夫祖宗世次人倫之記, 尤不可以考"라 하였다.

그 뒤 각 성씨들은 "일가일성지사一家一姓之史"의 족보를 마련하여 자신들의 긍지를 높이고 자손에게 이를 일러주기 위한 자료와 근거로 삼기 시작하였다. 이리하여 가보家譜, 가승家乘의 형태로 나타나게 되었다. 그러자 이들을 연결하여 하나의 유기적 연관관계를 풀어보려는 시도가 시작되었는데 이를테면 진晉 가필賈弼은 《성씨부장姓氏簿狀》에서는 "三世傳學, 凡十八州士族譜, 合百帙七百餘卷, 該究精悉, 當世莫比"《南齊書》家淵傳)라 자랑할 정도로 취지와 내용 및 분량을 밝히기도 하였다. 그리고 당唐 태종太宗은 《대당씨족지大唐氏族志》 100권을 짓도록 하여 9능等, 293성姓, 1651가家를 수록하였고, 뒤를 이어 《성계록姓繫錄》 200권을 완성하기도 하였다.

다시 당 헌종憲宗 원화(元和: 806~820) 연간에는 이길보李吉甫 등에게 칙명을 내려 《원화성찬元和姓纂》 10권을 짓도록 하여 본격적인 성씨학의 큰 흐름을 형성하게 된다. 그리고 북송 때 아동용 《백가성》이 출현하였으며 전문서로서 전명일錢明逸의 《희성녕찬熙姓寧纂》과 관찬의 《송백관공경가宋百官公卿家譜》가 나타나게 되었다. 이에 따라 남송 등명세鄧名世와 그 아들은 수십 년의 노력을 기울여 《고금성씨서변증古今姓氏書辨證》 40권을 지었고, 비슷한 시기 정초鄭樵는 《통지通志》 씨족략氏族略을 지어 당시 중국 성씨학의 쌍벽을 이루게 되었다. 그 외에도 송대에는 성씨학이 풍조를 이루어 소사邵思의 《성해姓解》 3권과 왕응린王應麟의 《성씨급취편姓氏急就篇》 2권도 이 때 출현하기도 하였다.

명대明代에 이르러서는《고금만성통보古今萬姓統譜》104권과 진사원陳士元의 《성휴姓觿》10권 등이 나왔다. 그리고 이를 세분화하여 양신楊愼의《희성록 稀姓錄》5권과 류문상劉文相의《희성존참稀姓存參》2권, 하수방夏樹芳의 《기성통奇姓通》14권 등도 나오게 되었다.

다음으로 청대淸代에는 고증학의 발달로 이에 대한 연구가 활발하여 황본기 黃本驥의《성씨해분姓氏解紛》10권, 장주張澍의《성시심원姓氏尋源》10권· 《성씨변오姓氏辨誤》1권·《성운姓韻》《요금원삼사성씨록遼金元三史姓氏錄》《고금 성씨서목고증古今姓氏書目考證》등 장씨의 '성씨오서'로 널리 알려지게 되었다. 그 외에 역본랑易本烺의《성휴간오姓觿刊誤》1권, 진정위陳廷煒의《성씨고략 姓氏考略》1권이 있었으며, 여성의 성씨를 집중적으로 고증한 고유복高有復의 《명원시족보名媛氏族譜》2권, 소지한蕭智漢의《역대명현열녀성보歷代名賢列女姓譜》 150권이 저술되었다. 한편《속통지續通志》를 발간할 때〈씨족략〉을 대량 으로 보충하였으며《청조통지淸朝通志》역시 요遼나라 부족 2, 요나라 씨족 69개, 금金나라 씨족 106 개, 원元나라 씨족 38성, 성씨가 구분되지 않은 83개 씨, 사씨賜氏 51개, 개씨改氏 38개, 모씨冒氏 15개 등 아주 세분하여 싣고 있으며 그 속에는〈고려성高麗姓〉1권도 포함되어 있어 근대 최고 상세한 성씨학 자료로 그 위치를 차지하고 있다.(이상 '王泉根《華夏姓名面面觀》
廣西人民出版社 1988. 南寧' 참조)

## 7. 중국 성씨의 숫자

지금 중국의 성은 도대체 얼마나 되는 것일까? 그 통계나 숫자에 대한 기록과 추정은 천차만별이며 그 편차 또한 지극히 커서 종잡을 수가 없다.

역대 이래 성씨에 대한 기록을 살펴보면 우선 한대漢代 사유史游의《급취편急就篇》에 130개, 당대唐代 임보林寶의《원화성씨찬元和姓氏纂》에는 1,232개, 그리고 송대宋代 소사邵思의《성해姓解》에는 2,568개, 정초鄭樵의《통지通志》씨족략氏族略에는 2,255개, 원대元代 마단림馬端臨의《문헌통고文獻通考》에는 3,736개, 명대明代 진사원陳士元의《성휴姓觿》에는 3,625개, 왕기王圻의《속문헌통고續文獻通考》에는 4,657개, 근대 등헌경鄧獻鯨의《중국성씨집中國姓氏集》에는 5,652개, 왕소존王素存의《중화성부中華姓府》에는 7,720개, 1984년 人民郵電出版社에서 펴낸《중국성씨회편中國姓氏滙編》(閻福卿 編)에는 단성과 복성 5,730개의 성씨를 싣고 있으며, 현대 원의달(袁義達, 杜若寶)의《중화성씨대전中華姓氏大全》(북경교육과학출판사)에는 11,969개를 싣고 있는데 여기에는 단성이 5327개, 복성이 4329개, 3자성이 1615개, 4자성이 569개, 5자성이 96개, 6자성이 22개, 7자성이 7개, 8자성이 3개, 9자성이 1개이며, 이역자異譯字 이체자異體字 3,136개나 된다.

그런가 하면 현재 쓰이고 있는 성씨를 대략 14,600여 개인 것으로 보기도 한다 이 또한 정확하지는 않다. 그리고 그 중 지금 90% 이상이 이《백가성》에 실려 있는 성씨를 가진 인구라고도 한다.(《中國名著百家姓》中國戲劇出版社, 2005 북경)

그러나 다른 통계에 의하면 중국 성씨는 문헌상 5,662개이며 그 중 단성 3484개, 복성 2032개, 3자성 146개이며 소수민족의 성씨까지 합하면 6,362개라고도 한다.(李浩然編著《중화성씨대탐원中華姓氏大探源》長安出版社 2006. 북경) 그러나 이 또한 믿을 수 없다.

한편 1954년 대만臺灣에서 실시된 인구조사에서 대만에는 모두 768개의 성씨가 있으며 복성이 4개였다고 하였다. 중국 대륙에서는 1978년 중국 7대 도시 호적조사를 한 적이 있다. 그 결과 북경 2250개, 상해 1640개, 심양 1270개, 무한武漢 1574개, 중경重慶 1245개, 성도成都 1631개, 광주廣州 1802개였으며 이들의 통계를 내었더니 2,587개의 성씨로 정리되었다는 것이다.
(이상 李浩然《중화성씨대탐원中華姓氏大探源》및 馬自毅《신역백가성新譯百家姓》'導讀'부분 참조)

그러나 어떤 사람의 조사에 의하면 중국 5천년 역사 속에 있었던 성씨는 무려 2만 2천여 개나 된다고도 한다. 그러나 1982년 대만 국가 제3차 인구조사에 의하면 지금 쓰이고 있는 성씨는 대략 3천 5백개 좌우라 하며 그중 비교적 상용하고 있는 성씨는 5백여 개 정도이며 다시 그중 주요 1백개 성씨가 인구 전체의 87%를, 120개 성씨가 인구 전체의 96%를 차지하여 대성大姓에 집중되어 있음을 알 수 있다.

## 8. 한국의 성씨

우리 한국의 성씨는 중국의 영향을 받은 것임에는 분명하다. 그러나 오랜 세월 동안 우리는 우리 나름대로 독특한 씨족의 계보를 유지 발전시켜 오늘에 이르러 실제 중국과 동일시할 수 없는 특징을 가지고 있다.

우선 글자도 우리 고유의 글자를 쓰는 裵(중국은 裴), 曺(중국은 曹) 등 표기가 다른 경우가 있고, 우리 고유의 생성 성씨도 있으며, 감동을 주는 득성 유래에 얽힌 신화와 전설 등 고사도 매우 보편적으로 가지고 있다.

그런가 하면 성명인지 단순 이름인지 구분할 수 없는 시기의 비문과 역사서에 나타난 인명은 지금까지 연구 대상이 되고 있다.

성씨에 대한 뜻도 사전적 의미로 "성을 높여 부르는 말"일 뿐이다. 다시 말해 우리는 씨에서 출발한 것이 아니다.

일반적으로 우리나라에서 성을 쓰기 시작한 것은 4세기, 즉 삼국시대 전반기로 보고 있다. 그러나 고려시대 이후 일반인들에게도 성이 있게 되었으며 조선시대까지도 성이 없이 이름만 있는 경우가 많았다. 양주 봉선사의 성종 때 주조된 범종에 시주자 이름이 표시되어 있는데 거기에는 한글 토속적 이름들로 가득하여 성이 없는 자가 대부분이다. 그런가 하면 갑오경장 이후에 비로소 모든 이들이 성씨를 갖게 되어 일부는 그 성씨의 근원이 제대로 맞지 않는 경우가 허다하며, 연원을 알 수 없는 귀성, 희성, 벽성도 상당수 있다.

그 외에 더 중요한 것은 중국, 거란, 만주, 여진, 일본, 베트남, 심지어 아랍, 위구르, 네덜란드 등에서 귀화한 성씨도 있으며 그들 중 아주 연원이 오래된 성씨는 이미 전혀 구분 없이 한국 성씨로 자리를 잡아 하나의 민족으로 한국 땅에서 한민족으로 살고 있다.

그 외에도 지금도 외국인 중에는 한국에 살면서 한국 성씨를 취득하여 한국인으로서의 문화 정체성을 몸으로 체득하며 함께 동화하고자 하고 있다.

우리나라의 성씨는 조선시대 들어서면서《세종실록世宗實錄》,《동국여지승람東國輿地勝覽》,《증보문헌비고增補文獻備考》,《도곡총설陶谷叢說》,《전고대방典故大方》,《조선씨족통보朝鮮氏族統譜》등을 통하여 꾸준히 기록되어 왔다. 특히 영조 때 이의현李宜顯의《도곡총설》에는 298개의 성씨가 기록되어 있고, 고종 때 증보문헌비고에는 496개의 성씨가 보인다.

그러다가 1930년대 조선총독부 조사에는 250개로 줄어들었다가 1934년 중추원에서 펴낸 통계자료에 의하면 326개로 늘어나기도 하는 등 정확한 수치는 알 수가 없다. 다시 1960년도와 1975년도 국세조사에서는 250여 개의 성씨가 조사되었으나 그 중 160여 개는 전인구의 1%에도 미치지 못하는 희성, 귀성, 벽성이다. 그리고 실제 90여 개 성씨가 전 인구의 99%을 차지하고 있었으며 지금 널리 쓰이는 성씨는 70여 개 정도로 보고 있다. 1985년 국세조사에서는 275개의 성씨에 본관이 무려 3,349개였으며 그 중 100명 미만의 성씨가 52개나 되었다. 김정현씨의《한국 성씨 이야기. 흥하는 성씨 사라진 성씨》(2001, 조선일보사)에 의하면 우리 성씨를 고대 문헌을 근거로 우선 넷으로 나누고 있다.

〈1〉 대성(大姓: 55개)

金, 李, 朴, 崔, 鄭, 姜, 趙, 尹, 張, 韓, 林, 申, 吳, 徐, 權, 黃, 宋, 柳, 洪, 安, 高, 全, 孫, 裵, 梁, 文, 許, 曺, 白, 南, 河, 劉, 成, 沈, 盧, 丁, 車, 具, 郭, 辛, 任, 朱, 禹, 田, 羅, 閔, 兪, 池, 嚴, 陳, 元, 蔡, 千, 方, 康.

〈2〉 귀성(貴姓: 46개)

卞, 玄, 楊, 廉, 邊, 呂, 都, 秋, 魯, 愼, 石, 蘇, 周, 吉, 薛, 馬, 表, 明, 宣, 延, 魏, 王, 房, 潘, 玉, 奇, 琴, 陸, 孟, 印, 卓, 諸, 魚, 鞠, 牟, 蔣, 殷, 秦, 芮, 慶, 片, 丘, 史, 奉, 余, 龍.

〈3〉 희성(稀姓: 44개)

庾, 太, 夫, 昔, 卜, 睦, 賈, 桂, 皮, 晉, 杜, 甘, 智, 董, 陰, 程, 溫, 邢, 章, 賓, 扈, 景, 葛, 錢, 左, 箕, 彭, 范, 承, 尙, 眞, 簡, 夏, 偰, 施, 胡, 毛, 唐, 韋, 疆, 異, 段, 公, 弓.

〈4〉 벽성(僻姓: 38개)

袁, 甄, 陶, 萬, 平, 荀, 剛, 介, 邱, 肖, 昌, 邵, 葉, 鍾, 昇, 强, 龐, 大, 雷, 浪, 邕, 西, 馮, 國, 濂, 堅, 莊, 伊, 乃, 墨, 路, 瘐, 邦, 菊, 采, 楚, 班, 斤.

그리고 1985년 인구조사에서는 옛 문헌에 볼 수 없었던 "譚, 頭, 樓, 苗, 旁, 碩, 星, 辻, 恩, 初, 椿, 判, 扁, 鎬, 候, 興, 傅"씨 등이 나타났다고 한다.

그 중 대성으로써 5대 성씨는 흔히 "金, 李, 朴, 崔, 鄭"으로 들고 있으며 여기에 "姜, 趙, 尹, 張, 林"씨를 넣어 10대성(단 林씨 대신 혹 韓씨를 넣기도 함)으로 보았으며 다시 여기에 "吳, 申, 徐, 權, 黃, 宋, 安, 兪, 洪"씨를 넣어 20대성으로 보기도 하였다.

그리고 한국의 널리 쓰이는 70개 성 중에 앞의 20개를 제외하고 나머지로는 "全, 高, 孫, 文, 梁, 裵, 白, 曺, 許, 南, 劉, 沈, 盧, 河, 丁, 成, 車, 具, 郭, 禹, 朱, 任, 田, 羅, 辛, 閔, 柳, 池, 陳, 嚴, 元, 蔡, 千, 方, 康, 玄, 卞, 孔, 咸, 楊, 廉, 邊, 呂, 薛, 愼, 都, 秋, 馬, 表"씨 등을 들고 있다.

우리나라 성씨의 본관은 당연히 성씨 구분의 또 다른 하나의 중요한 지표이다. 이는 동일한 성씨의 재분화를 의미한다. 그리고 본관의 다음 단위로 소위 파派까지 내려가게 된다. 파는 군君, 공公, 백伯 등 고향보다는 봉호封號나 시호諡號, 추서追敍된 작위 등으로써, 사관賜貫으로 시작된 경우가 많다. 때에 따라서는 이 봉호가 본관이 되는 경우도 당연히 있다. 따라서 동성이냐 동성동본이냐에 따라 금혼법의 근거가 된 적도 있었으며 이에 따라 혈통, 친족, 종친 등 개념이 달라지기도 한다.

이처럼 우리나라의 본은 중국과 또 다른 특징을 가지고 있으며, 시조 다음으로 중시조를 통해 하부 계통의 혈계血系를 보여주며, 동시에 분화상황을 일러주는 변별 요소로 자리잡고 있다. 이에 따라 우리는 소위 족보라는 것을 만들되 전체를 아우르는 대동보大同譜를 우선으로 하고 그 아래 개념으로 파보派譜와 세보世譜가 있으며, 집안 내력만을 적은 것으로 가승家乘, 혹은 가첩家牒이라는 것이 있다. 우리나라 족보는 안동 권씨의 《성화보成化譜》(明 成化 12년, 1476)와 문화류씨文化柳氏의 《가정보嘉靖譜》(明 嘉靖 1567, 실제로 穆宗 隆慶 원년) 등이 비교적 빠른 것으로 보고 있으며, 중국에는 이미 남조 제齊, 479~502나라 때 가희경賈希鏡에 의해 시작된 것으로 알려져 있다.

그 외 지금 사설 〈족보전문도서관族譜專門圖書館〉(jokbo.re.kr)이 경기도 부천에 생겨 많은 자료를 살펴볼 수 있는 것은 참으로 다행스럽고 고마운 일이 아닐 수 없다. 그리고 부산광역시립도서관 1층에 민간 단체인 '한국성씨연합회'에서는 소장하고 있는 122개 성씨, 447개 본관의 족보 목록 5,421개 등 8,500여권에 이르는 족보를 인터넷 홈페이지(www.koreajokbo.co.kr)로 검색할 수 있도록 개설하여 아주 큰 도움을 주고 있다.

우리나라 고대 문헌에는 본관이 무려 500개 이상이나 되는 성씨도 있으며 대성일수록 본이 많다. 이에 본관의 수에 따라 분류해 보면 다음과 같다.(이하 김정현 위에 든 책을 재정리한 것임.)

金(500여), 李(470여), 崔(326), 朴(314), 張(246), 林(216), 鄭(210), 全(178), 宋(172), 吳(164), 黃(163), 白(157), 申(155), 徐(153), 劉(149), 尹(149), 田(142), 盧(137), 柳(131), 文(131), 韓(131), 曺(128), 裵(122), 任(120), 陳(118), 孫(118), 方(117), 車(111), 安(109), 姜(104), 洪(101), 高(101), 千(97), 兪(97), 朱(93), 池(81), 梁(79), 石(73), 河(70), 丁(68), 邊(67), 魯(64), 沈(63), 嚴(60), 許(59), 南(57), 康(56), 權(56), 成(54), 郭(52), 辛(51), 秋(49), 蔡(49), 秦(47), 羅(46), 元(42), 片(39), 禹(38), 呂(37), 表(36), 馬(33), 延(33), 具(32), 㢱(32), 皮(30), 孟(27), 卓(27), 吉(26), 閔(25), 周(25), 董(24), 薛(23), 明(23), 宣(23), 印(22), 龍(21), 趙(21), 奇(21), 房(20), 庾(20), 太(20), 陰(20), 玉(19), 魚(19), 葛(19), 奉(19), 蔣(17), 芮(16), 史(16), 都(15), 邢(15), 王(15), 愼(15), 潘(15), 慶(14), 陸(13), 晋(13), 程(13), 蘇(12), 牟(12), 桂(12), 余(12), 溫(11), 景(10), 段(10), 魏(10), 諸(10), 承(10), 卜(9), 睦(9), 賈(9), 簡(9), 皇甫(9), 殷(8), 智(8), 公(8), 尙(8), 胡(7), 彭(7), 甄(7), 南宮(6), 琴(6), 國(6), 唐(5), 獨孤(5), 杜(4), 鞠(4), 夫(4), 甘(4), 賓(4), 馮(4), 昔(3), 錢(3), 范(3), 毛(3), 異(3), 章(2), 夏(2), 昇(2), 司空(2), 西門(2), 東方(2), 伊(2), 丘(1), 左(1), 于(1), 眞(1), 偰(1), 施(1), 弓(1), 鮮于(1), 諸葛(1), 箕(1)

이상으로 보아 생각보다는 엄청나게 본관이 많음을 알 수 있다. 참고로 북한에서는 본관의 개념이 흐려졌고 일반인은 자신의 성씨 본관이 어디인지 모르는 경우가 많다고 한다.

## 9. 한국의 귀화성씨

다음으로 우리가 흔히 알고 있는 귀화성에 대한 것이다. 이에 대하여 김정현의 앞에 든 책(173~196)에는 모두 75개 귀화 성씨와 그 본관을 들어 설명하고 있다. 이를 간추려 보면 다음과 같다. ( ) 안은 본관을 뜻함.

1. 이李(青海): 시조 이지란李之蘭, 여진족 퉁두란佟豆蘭. 여말선초 득성.
2. 장張(德水): 시조 장순룡張舜龍, 아랍인 고려 충렬왕 때 제국공주齊國公主를 따라 들어와 귀화, 덕성부원군德城府院君에 봉해짐.
3. 설偰(慶州): 시조 설손偰孫, 그 아들 설장수偰長壽가 세종 때 계림군鷄林君에 봉해짐. 계림은 경주.
4. 이李(花山): 시조 이룡상李龍祥, 이룡상李龍祥 혜종惠宗의 숙부, 옹진군甕津郡 마산면馬山面 화산리花山里에 정착.
5. 인印(延安): 시조 인후印侯, 몽고인, 고려 충렬왕 때 제국공주를 따라 들어옴. 그 아들 인승단印承旦이 연안부원군延安府院君에 봉해짐.
6. 인印(喬洞): 신라新羅초 중국 진晉나라 인서印瑞, 그 후손 인빈印彬이 교수부원군喬樹府院君이 됨. 공민왕 때 인당印璫이 시조가 됨.
7. 김金(友鹿): 일본인 사야가沙也可, 임란 때 달성군 가창면嘉昌面에 정착.
8. 신愼(居昌): 송宋, 신수愼脩, 세종 때 귀화하였으며 그 후손이 연산군 때 거창부원군居昌府院君에 봉해짐.
9. 구具(綾城): 송宋, 전남 화순군 능주綾州에 정착.
10. 제갈諸葛(南陽): 제갈공명諸葛孔明의 아버지 제갈규諸葛珪가 시조이며 그 5대손 제갈충諸葛忠이 신라 때 망명, 중국 남양南陽을 본관으로 함.

11. 안安(順興): 당 이원李瑗의 아들. 신라 경문왕 때 귀화하여 세 아들이 각기 죽산안씨竹山安氏, 광주안씨廣州安氏, 순흥안씨順興安氏가 됨.
12. 서문西門(安陰): 고려 공민왕의 비妃 노국공주魯國公主를 따라온 몽고인. 안음은 함양 안의安義의 옛 지명.
13. 명明(西蜀): 고려 공민왕 때 서촉西蜀 대하국大夏國에서 귀화한 황족.
14. 남南(英陽): 당 남경南敬, 당 현종玄宗 때 일본 사신으로 갔다가 귀환 중 신라에 표류 정착한 김충金忠이 경덕왕 때 남씨성을 하사받음.
15. 곽郭(玄風): 송대 곽경郭鏡, 고려 인종 때 포산군苞山君에 봉해짐. 포산은 현풍현玄風縣의 고려시대 지명.
16. 국鞠(潭陽): 송나라에서 귀화한 국량鞠樑. 고려 인종 때 들어옴.
17. 길吉(海平): 고려 문종 때 당에서 들어온 팔학사八學士의 하나인 길당吉塘. 야은冶隱 길재吉再는 그 후손.
18. 나羅(羅州): 당唐 태종太宗의 수찬관修撰官이었던 나부羅富가 망명하여 전라도 나주羅州에 정착. 후손 나주규羅得虯가 시조가 됨.
19. 노魯(咸平): 주나라 제후국 노나라 출신이 귀화. 그 후손 노목魯穆이 고려 인종 때 이자겸의 난을 평정하여 함풍군咸豊君에 봉해짐. 함풍은 함평咸平의 옛 지명.
20. 독고獨孤(南原): 당나라에서 귀화한 공순公舜의 후예. 그 후손 독고향獨孤香이 고려 충숙왕 때 남원군南原君에 봉해짐.
21. 맹孟(新昌): 맹자의 후손 맹승훈孟承訓이 신라 때 당에서 사신으로 들어옴. 충선왕 때 맹리孟理가 조적曹頔의 난을 평정한 공으로 신창백新昌伯에 봉해짐.

22. 임任(長興): 송나라 소홍紹興 사람. 임호任灝가 망명하여 전남 장흥 천관산에 정착. 그 후손 임원후任元厚가 고려 인종 때 정안부원군定安府院君에 봉해짐. 정안은 장흥長興의 옛 지명.
23. 임任(豊川): 송나라 소홍 사람. 임온任溫이 고려에 들어와 은자광록대부銀紫光祿大夫에 오름.
24. 이李(延安): 당나라 이무李茂가 백제 정벌 때 소정방蘇定方의 부장으로 들어와 귀화, 연안백延安伯에 봉해짐.
25. 여呂(咸陽): 당 한림학사 여어매呂御梅가 황소黃巢의 난을 피해 신라 헌강왕 때 망명 귀화, 처음에는 성주星州에 살아 성주여씨와 함양여씨는 같은 근원임.
26. 유劉(居昌): 고려 문종 때 송나라에서 귀화한 유전劉筌. 그 맏아들 유견규劉堅規에게 거타군居陀君에 봉함. 거타는 거창의 옛 지명.
27. 주朱(新安): 남송 주희朱熹가 신안주씨新安朱氏이며 그 일족 주잠朱潛이 고려 고종 때 귀화하여 나주羅州에 정착, 중국 지명을 그대로 사용함.
28. 신辛(靈山): 중국인 신경辛鏡으로 중국 지명을 그대로 사용함.
29. 이李(固城): 중국인으로 일찍 귀화하였으나 고려 문종 때 거란을 침입을 격퇴한 공을 세워 철령군鐵嶺君에 봉해짐. 철령은 경남 고성의 옛 지명.
30. 장蔣(牙山): 송나라 대장군 장서蔣壻로 금金과의 전쟁에 주전파로써 주화파와 대립에 밀려 망명, 충남 아산에 정착. 고려 예종 때 아산군牙山君에 봉함.

31. 정丁(押海): 당나라 대승상 정덕성丁德盛이 신라 문성왕文聖王 때 귀화하여 전남 무안군 압해면에 정착.
32. 변邊(原州): 송에서 귀화하여 상장군上將軍에 오른 변안렬邊安烈.
33. 방方(溫陽): 당나라 한림학사 방지方智가 신라 문무왕 때 유학儒學을 전하기 위해 들어옴. 설총薛聰과 교류가 있었으며 대대로 온양에 살았음.
34. 양楊(淸州): 원元나라 때 양기楊起, 고려 공민왕의 비 노국공주魯國公主를 따라 와 귀화. 상당上黨(지금의 청주)을 식읍으로 받음.
35. 선宣(寶城): 명明나라 학사 선윤지宣允祉가 고려 우왕 때 사신으로 왔다가 귀화. 조선이 들어서자 이에 반대하여 전남 보성寶城에 은서함.
36. 소蘇(晉州): 고대 소蘇임금의 후손 기곤오己昆吾가 소성蘇城에 하백夏伯으로 봉해졌다가 고조선 유민과 함께 신라로 들어왔다 함.
37. 지池(忠州): 송宋나라 태학사 지경池鏡이 고려 광종 때 귀화함.
38. 황黃(平海): 한漢나라 때 황락黃洛이 신라 유리왕 때 귀화. 동해안 평해에 정착함.
39. 오吳(海州): 신라 지증왕 때 중국에서 건너온 중국인. 그 후손이 고려 고종 때 거란군을 물리친 오현보吳賢輔로써 그를 시조로 삼음.
40. 백白(水原): 중국 소주蘇州 사람 백우경白宇經이 신라에 귀화. 중랑장中郞將을 지낸 백창직白昌稷의 후손 백휘白揮가 고려 때 수원군水原君에 봉해짐.

41. 공孔(曲阜): 공자의 후손으로 원나라 순제 때 공민왕의 비 노국공주
魯國公主를 따라온 공소孔紹. 회원군檜原君(지금의 창원昌原)에
봉해졌으나 중국 공자의 지명을 그대로 사용함.
42. 노盧(光山): 당나라 때 안록산의 난을 피해 신라에 귀화한 노수盧穗.
당시 9명의 아들을 데리고 와서 각기 광산光山, 교하交河,
풍천豊川, 장연長淵, 안동安東, 안강安康, 연일延日, 평양平壤,
곡산谷山을 본관으로 삼음.
43. 전錢(聞慶): 고려 때 전유겸錢惟謙이 최영崔瑩장군 누이와 결혼하여 귀화
함. 조선이 들어서자 벼슬을 버리고 문경에 은거함.
44. 도都(星州): 중국에서 건너온 도진都陣이 고려 건국에 공을 세워 성산
부원군星山府院君에 봉해짐. 성산은 성주의 별칭.
45. 구丘(平海): 신라 때 당나라 사람으로 일본에 사신으로 갔다가 풍랑을
만나 경북 평해에 닿은 구대림丘大林. 공민왕 때 그 후손
구선혁丘宣赫을 시조로 함.
46. 궁弓(兎山): 고대 기자箕子가 조선으로 올 때 따라온 중국 태원太原 출신
궁흠弓欽이라 함.
47. 공公(金浦): 당나라 십팔학사의 하나인 공윤보公允輔. 안록산의 난을
피해 신라로 망명하여 그 후손 공명례가 김포에 정착하
였다 함.
48. 김金(太原): 명나라 때 건너온 김학증金學曾. 그 아들 김평金玶이 명이
망하자 조선에 귀화하면서 조상의 고향 중국 태원을 그대로
본관으로 삼음.

## 차례

◈ 책머리에
◈ 일러두기
◈ 해제
  1. 《백가성》의 찬술
  2. 《백가성》의 변천
  3. 《백가성》의 판본
  4. 중국 성씨와 '군망郡望'
  5. 성姓과 씨氏
  6. 중국의 '성씨학姓氏學'
  7. 중국 성씨의 숫자
  8. 한국의 성씨
  9. 한국의 귀화성씨
  10. 우리 성씨의 한글 표기

◈ 《百家姓》(全文)
◈ 본문

◈ 부록 I
  ※ 《백가성》에 등재되지 않은 주요 중국 성씨
◈ 부록 II
  ※ 民國初 石印本 《百家姓》 인본

# 백가성百家姓

《백가성》全文

趙錢孫李, 周吳鄭王. 馮陳褚衛, 蔣沈韓楊.
朱秦尤許, 何呂施張. 孔曹嚴華, 金魏陶姜.
戚謝鄒喩, 柏水竇章. 雲蘇潘葛, 奚范彭郎.
魯韋昌馬, 苗鳳花方. 俞任袁柳, 酆鮑史唐.
費廉岑薛, 雷賀倪湯. 滕殷羅畢, 郝鄔安常.
樂于時傅, 皮卞齊康. 伍余元卜, 顧孟平黃.
和穆蕭尹, 姚邵湛汪. 祁毛禹狄, 米貝明臧.
計伏成戴, 談宋茅龐. 熊紀舒屈, 項祝董梁.
杜阮藍閔, 席季麻强.

賈路婁危, 江童顏郭. 梅盛林刁, 鍾徐邱駱.
高夏蔡田, 樊胡凌霍. 虞萬支柯, 昝管盧莫.

經房裘繆, 干解應宗. 丁宣賁鄧, 郁單杭洪.
包諸左石, 崔吉鈕龔. 程嵇邢滑, 裴陸榮翁.
荀羊於惠, 甄麴家封. 芮羿儲靳, 汲邴糜松.
井段富巫, 烏焦巴弓. 牧隗山谷, 車侯宓蓬.
全郗班仰, 秋仲伊宮. 寧仇欒暴, 甘鈄厲戎.
祖武符劉, 景詹束龍.

葉幸司韶, 郜黎薊薄.　印宿白懷, 蒲邰從鄂.

索咸籍賴, 卓藺屠蒙.　池喬陰鬱, 胥能蒼雙.
聞莘党翟, 譚貢勞逄.　姬申扶堵, 冉宰酈雍.
郤璩桑桂, 濮牛壽通.　邊扈燕冀, 郟浦尚農.
溫別莊晏, 柴瞿閻充.　慕連茹習, 宦艾魚容.
向古易慎, 戈廖庾終.　暨居衡步, 都耿滿弘.
匡國文寇, 廣祿闕東.　歐殳沃利, 蔚越夔隆.
師鞏厙聶, 晁勾敖融.　冷訾辛闞, 那簡饒空.
曾毋沙乜, 養鞠須豐.　巢關蒯相, 查後荊紅.
游竺權逯, 蓋益桓公.　万俟司馬, 上官歐陽.
夏侯諸葛, 聞人東方.　赫連皇甫, 尉遲公羊.
澹臺公冶, 宗政濮陽.　淳于單于, 太叔申屠.
公孫仲孫, 軒轅令狐.　鍾離宇文, 長孫慕容.
鮮于閭丘, 司徒司空.　亓官司寇, 仉督子車.
顓孫端木, 巫馬公西.　漆雕樂正, 壤駟公良.
拓跋夾谷, 宰父穀梁.　晉楚閆法, 汝鄢涂欽.
段干百里, 東郭南門.　呼延歸海, 羊舌微生.
岳帥緱亢, 況后有琴.　梁丘左丘, 東門西門.
商牟佘佴, 伯賞南宮.　墨哈譙笪, 年愛陽佟.
第五言福, 百家姓續.

## ◉ 본문

001: 趙(조)　002: 錢(전)　003: 孫(손)　004: 李(리)
005: 周(주)　006: 吳(오)　007: 鄭(정)　008: 王(왕)
009: 馮(풍)　010: 陳(진)　011: 褚(저)　012: 衛(위)
013: 蔣(장)　014: 沈(심)　015: 韓(한)　016: 楊(양)
017: 朱(주)　018: 秦(진)　019: 尤(우)　020: 許(허)
021: 何(하)　022: 呂(려)　023: 施(시)　024: 張(장)
025: 孔(공)　026: 曹(조)　027: 嚴(엄)　028: 華(화)
029: 金(김)　030: 魏(위)　031: 陶(도)　032: 姜(강)
033: 戚(척)　034: 謝(사)　035: 鄒(추)　036: 喩(유)
037: 柏(백)　038: 水(수)　039: 竇(두)　040: 章(장)
041: 雲(운)　042: 蘇(소)　043: 潘(반)　044: 葛(갈)
045: 奚(해)　046: 范(범)　047: 彭(팽)　048: 郎(랑)
049: 魯(로)　050: 韋(위)　051: 昌(창)　052: 馬(마)
053: 苗(묘)　054: 鳳(봉)　055: 花(화)　056: 方(방)
057: 兪(유)　058: 任(임)　059: 袁(원)　060: 柳(류)
061: 酆(풍)　062: 鮑(포)　063: 史(사)　064: 唐(당)
065: 費(비)　066: 廉(렴)　067: 岑(잠)　068: 薛(설)
069: 雷(뢰)　070: 賀(하)　071: 倪(예)　072: 湯(탕)
073: 滕(등)　074: 殷(은)　075: 羅(라)　076: 畢(필)
077: 郝(학)　078: 鄔(오)　079: 安(안)　080: 常(상)
081: 樂(악)　082: 于(우)　083: 時(시)　084: 傅(부)
085: 皮(피)　086: 卞(변)　087: 齊(제)　088: 康(강)
089: 伍(오)　090: 余(여)　091: 元(원)　092: 卜(복)
093: 顧(고)　094: 孟(맹)　095: 平(평)　096: 黃(황)

| | | | |
|---|---|---|---|
| 097: 和(화) | 098: 穆(목) | 099: 蕭(소) | 100: 尹(윤) |
| 101: 姚(요) | 102: 邵(소) | 103: 湛(잠) | 104: 汪(왕) |
| 105: 祁(기) | 106: 毛(모) | 107: 禹(우) | 108: 狄(적) |
| 109: 米(미) | 110: 貝(패) | 111: 明(명) | 112: 臧(장) |
| 113: 計(계) | 114: 伏(복) | 115: 成(성) | 116: 戴(대) |
| 117: 談(담) | 118: 宋(송) | 119: 茅(모) | 120: 龐(방) |
| 121: 熊(웅) | 122: 紀(기) | 123: 舒(서) | 124: 屈(굴) |
| 125: 項(항) | 126: 祝(축) | 127: 董(동) | 128: 梁(량) |
| 129: 杜(두) | 130: 阮(완) | 131: 藍(람) | 132: 閔(민) |
| 133: 席(석) | 134: 季(계) | 135: 麻(마) | 136: 强(강) |
| 137: 賈(가) | 138: 路(로) | 139: 婁(루) | 140: 危(위) |
| 141: 江(강) | 142: 童(동) | 143: 顔(안) | 144: 郭(곽) |
| 145: 梅(매) | 146: 盛(성) | 147: 林(림) | 148: 刁(조) |
| 149: 鍾(종) | 150: 徐(서) | 151: 邱(구) | 152: 駱(락) |
| 153: 高(고) | 154: 夏(하) | 155: 蔡(채) | 156: 田(전) |
| 157: 樊(번) | 158: 胡(호) | 159: 凌(릉) | 160: 霍(곽) |
| 161: 虞(우) | 162: 萬(만) | 163: 支(지) | 164: 柯(가) |
| 165: 昝(잠) | 166: 管(관) | 167: 盧(로) | 168: 莫(막) |
| 169: 經(경) | 170: 房(방) | 171: 裘(구) | 172: 繆(무·묘) |
| 173: 干(간) | 174: 解(해) | 175: 應(응) | 176: 宗(종) |
| 177: 丁(정) | 178: 宣(선) | 179: 賁(분) | 180: 鄧(등) |
| 181: 郁(욱) | 182: 單(선) | 183: 杭(항) | 184: 洪(홍) |
| 185: 包(포) | 186: 諸(제) | 187: 左(좌) | 188: 石(석) |
| 189: 崔(최) | 190: 吉(길) | 191: 鈕(뉴) | 192: 龔(공) |

| | | | |
|---|---|---|---|
| 193: 程(정) | 194: 嵇(혜) | 195: 邢(형) | 196: 滑(활) |
| 197: 裴(배) | 198: 陸(륙) | 199: 榮(영) | 200: 翁(옹) |
| 201: 荀(순) | 202: 羊(양) | 203: 於(어) | 204: 惠(혜) |
| 205: 甄(견) | 206: 麴(국) | 207: 家(가) | 208: 封(봉) |
| 209: 芮(예) | 210: 羿(예) | 211: 儲(저) | 212: 靳(근) |
| 213: 汲(급) | 214: 邴(병) | 215: 麋(미) | 216: 松(송) |
| 217: 井(정) | 218: 段(단) | 219: 富(부) | 220: 巫(무) |
| 221: 烏(오) | 222: 焦(초) | 223: 巴(파) | 224: 弓(궁) |
| 225: 牧(목) | 226: 隗(괴) | 227: 山(산) | 228: 谷(곡) |
| 229: 車(차) | 230: 侯(후) | 231: 宓(복·밀) | 232: 蓬(봉) |
| 233: 全(전) | 234: 郗(치) | 235: 班(반) | 236: 仰(앙) |
| 237: 秋(추) | 238: 仲(중) | 239: 伊(이) | 240: 宮(궁) |
| 241: 寧(녕) | 242: 仇(구) | 243: 欒(란) | 244: 暴(폭·포) |
| 245: 甘(감) | 246: 鈄(두) | 247: 厲(려) | 248: 戎(융) |
| 249: 祖(조) | 250: 武(무) | 251: 符(부) | 252: 劉(류) |
| 253: 景(경) | 254: 詹(첨) | 255: 束(속) | 256: 龍(룡) |
| 257: 葉(엽) | 258: 幸(행) | 259: 司(사) | 260: 韶(소) |
| 261: 郜(고) | 262: 黎(려) | 263: 薊(계) | 264: 薄(박) |
| 265: 印(인) | 266: 宿(숙) | 267: 白(백) | 268: 懷(회) |
| 269: 蒲(포) | 270: 邰(태) | 271: 從(종) | 272: 鄂(악) |
| 273: 索(삭) | 274: 咸(함) | 275: 籍(적) | 276: 賴(뢰) |
| 277: 卓(탁) | 278: 藺(린) | 279: 屠(도) | 280: 蒙(몽) |
| 281: 池(지) | 282: 喬(교) | 283: 陰(음) | 284: 鬱(울) |
| 285: 胥(서) | 286: 能(내) | 287: 蒼(창) | 288: 雙(쌍) |
| 289: 聞(문) | 290: 莘(신) | 291: 党(당) | 292: 翟(적) |

| | | | |
|---|---|---|---|
| 293: 譚(담) | 294: 貢(공) | 295: 勞(로) | 296: 逢(방) |
| 297: 姬(희) | 298: 申(신) | 299: 扶(부) | 300: 堵(도) |
| 301: 冉(염) | 302: 宰(재) | 303: 酈(력) | 304: 雍(옹) |
| 305: 郤(극) | 306: 璩(거) | 307: 桑(상) | 308: 桂(계) |
| 309: 濮(복) | 310: 牛(우) | 311: 壽(수) | 312: 通(통) |
| 313: 邊(변) | 314: 扈(호) | 315: 燕(연) | 316: 冀(기) |
| 317: 郟(겹) | 318: 浦(포) | 319: 尙(상) | 320: 農(농) |
| 321: 溫(온) | 322: 別(별) | 323: 莊(장) | 324: 晏(안) |
| 325: 柴(시) | 326: 瞿(구) | 327: 閻(염) | 328: 充(충) |
| 329: 慕(모) | 330: 連(련) | 331: 茹(여) | 332: 習(습) |
| 333: 宦(환) | 334: 艾(애) | 335: 魚(어) | 336: 容(용) |
| 337: 向(상·향) | 338: 古(고) | 339: 易(역) | 340: 愼(신) |
| 341: 戈(과) | 342: 廖(료) | 343: 庾(유) | 344: 終(종) |
| 345: 暨(기) | 346: 居(거) | 347: 衡(형) | 348: 步(보) |
| 349: 都(도) | 350: 耿(경) | 351: 滿(만) | 352: 弘(홍) |
| 353: 匡(광) | 354: 國(국) | 355: 文(문) | 356: 寇(구) |
| 357: 廣(광) | 358: 祿(록) | 359: 闕(궐) | 360: 東(동) |
| 361: 歐(구) | 362: 殳(수) | 363: 沃(옥) | 364: 利(리) |
| 365: 蔚(울) | 366: 越(월) | 367: 夔(기) | 368: 隆(륭) |
| 369: 師(사) | 370: 鞏(공) | 371: 厙(사) | 372: 聶(섭) |
| 373: 晁(조) | 374: 勾(구) | 375: 敖(오) | 376: 融(융) |
| 377: 冷(랭) | 378: 訾(자) | 379: 辛(신) | 380: 闞(감) |
| 381: 那(나) | 382: 簡(간) | 383: 饒(요) | 384: 空(공) |
| 385: 曾(증) | 386: 毋(무) | 387: 沙(사) | 388: 乜(먀) |
| 389: 養(양) | 390: 鞠(국) | 391: 須(수) | 392: 豐(풍) |

| | | | |
|---|---|---|---|
| 393: 巢(소) | 394: 關(관) | 395: 蒯(괴) | 396: 相(상) |
| 397: 査(사) | 398: 後(후) | 399: 荊(형) | 400: 紅(홍) |
| 401: 游(유) | 402: 竺(축) | 403: 權(권) | 404: 逯(록) |
| 405: 蓋(개) | 406: 益(익) | 407: 桓(환) | 408: 公(공) |
| 409: 万俟(묵기) | 410: 司馬(사마) | 411: 上官(상관) | 412: 歐陽(구양) |
| 413: 夏侯(하후) | 414: 諸葛(제갈) | 415: 聞人(문인) | 416: 東方(동방) |
| 417: 赫連(혁련) | 418: 皇甫(황보) | 419: 尉遲(울지) | 420: 公羊(공양) |
| 421: 澹臺(담대) | 422: 公冶(공야) | 423: 宗政(종정) | 424: 濮陽(복양) |
| 425: 淳于(순우) | 426: 單于(선우) | 427: 太叔(태숙) | 428: 申屠(신도) |
| 429: 公孫(공손) | 430: 仲孫(중손) | 431: 軒轅(헌원) | 432: 令狐(령호) |
| 433: 鍾離(종리) | 434: 宇文(우문) | 435: 長孫(장손) | 436: 慕容(모용) |
| 437: 鮮于(선우) | 438: 閭丘(려구) | 439: 司徒(사도) | 440: 司空(사공) |
| 441: 亓官(기관) | 442: 司寇(사구) | 443: 仉(장) | 444: 督(독) |
| 445: 子車(자거) | 446: 顓孫(전손) | 447: 端木(단목) | 448: 巫馬(무마) |
| 449: 公西(자서) | 450: 漆雕(칠조) | 451: 樂正(악정) | 452: 壤駟(양사) |
| 453: 公良(공량) | 454: 拓跋(탁발) | 455: 夾谷(협곡) | 456: 宰父(재보) |
| 457: 穀梁(곡량) | 458: 晉(진) | 459: 楚(초) | 460: 閆(염) |
| 461: 法(법) | 462: 汝(여) | 463: 鄢(언) | 464: 涂(도) |
| 465: 欽(흠) | 466: 段干(단간) | 467: 百里(백리) | 468: 東郭(동곽) |
| 469: 南門(남문) | 470: 呼延(호연) | 471: 歸(귀) | 472: 海(해) |
| 473: 羊舌(양설) | 474: 微生(미생) | 475: 岳(악) | 476: 帥(솔) |
| 477: 緱(구) | 478: 亢(강) | 479: 況(황) | 480: 后(후) |
| 481: 有(유) | 482: 琴(금) | 483: 梁丘(량구) | 484: 左丘(좌구) |
| 485: 東門(동문) | 486: 西門(서문) | 487: 商(상) | 488: 牟(모) |
| 489: 佘(사) | 490: 佴(내) | 491: 伯(백) | 492: 賞(상) |

493 : 南宮(남궁)　494 : 墨(묵)　495 : 哈(합)　496 : 譙(초)
497 : 笪(달)　498 : 年(년)　499 : 愛(애)　500 : 陽(양)
501 : 佟(동)　502 : 第五(제오)　503 : 言(언)　504 : 福(복)

百家姓續.

## 150
## 徐(xú): 서

 중국 20大姓의 하나. 2,000여만 명(현재 중국 전체 인구의 약 1.7%). 주로 江西, 浙江, 安徽 등지에 분포함.

### 원류

① 자성子姓에서 기원

서주 초 주공(姬旦)이 武庚과 三監의 난을 평정한 뒤 商(殷)나라 유민을 분열하여 魯公에게 맡도록 하였다. 그 중 徐氏族이 있었다.

② 영성嬴姓에서 기원

湖沼 金天氏의 후예 伯益이 禹임금으로부터 嬴姓을 받아 그 아들 若木이 徐(지금의 安徽 泗縣 북쪽) 땅을 받아 夏, 商, 周 삼대를 거쳐오다가 春秋 말 吳나라에게 멸망하였다. 그 나라 사람들이 江淮 지역으로 흩어지면서 徐氏를 성으로 삼았다.

③ 외족의 개성

淸代 滿洲族 八旗의 舒祿氏와 徐吉氏, 舒穆氏 등이 집단적으로 徐氏를 성으로 하였다.

군망(郡望) : 東海郡.

역사상 주요 인물

【徐幹】 동한 建安七子의 하나.
【徐庶】 동한말 명사.
【徐陵】 남조 陳 문학가,《玉臺新詠》저술.
【徐鉉】 북송초 문학가.
【徐達】 명초 대장.
【徐霞客】 명대 지리학자.
【徐渭】 명대 문학가, 서화가.
【徐光啓】 명대 대신, 학자.

## 151
## 邱(Qiū): 구

> 邱 중국 80大姓의 하나. 320여만 명(현재 중국 전체 인구의 약 0.27%). 주로 四川과 華南 및 福建, 臺灣 등지에 분포함.

[원류]

① 강성姜姓에서 기원

炎帝 神農氏의 후손 姜太公(呂尙, 姜子牙)이 周 武王을 도와 殷나라 紂를 멸한 공으로, 齊나라를 제후국으로 받아 營丘(지금의 山東 昌樂縣 동남)에 도읍을 정하였다가, 뒤에 臨淄(지금의 山東 淄博市 臨淄鎭)로 옮겼다. 그 영구에 그대로 남아 있던 강태공의 서손 지손이 지명에서 글자를 취하여 丘씨로 성을 삼았다.

② 조성曹姓에서 기원

서주 초 周 武王이 전욱 고양씨의 후손 曹挾을 邾(지금의 山東 曲阜市 동남)에 봉하였다. 춘추 때 이 邾나라 대부 丘弱의 자손이 조상의 이름을 취하여 성씨로 삼았다.

③ 지명에서 기원

두 갈래로 나눌 수 있다.

첫째, 춘추시대 魯나라 태사 左丘明이 左丘에 살아 그 후손이 땅 이름으로 성씨를 삼아 左丘라 하였다가 줄여서 丘씨로 하였다.
둘째, 춘추시대 陳나라에 宛丘(지금의 河南 淮陽縣 동쪽)라는 지명이 있어 그곳에 살던 주민들이 땅 이름을 성씨로 한 것이다.

④ 외족의 개성

東漢 때 東胡族의 別支인 烏桓部族에 丘씨가 있었으며, 위진시대 서북 羌族에도 구씨가 있었다. 북조 後魏 선비족의 丘敦氏가 집단적으로 丘씨를 성으로 삼아 河南丘氏의 망족이 되었다. 그리고 흉노족의 丘林氏가 丘氏, 林氏, 喬氏 등 3개 성씨가 되었으며 역시 하남구씨의 일부가 되었다.

⑤ 邱氏와 丘氏

邱姓은 본래 丘姓과 같으나 漢代 이후 공자(孔丘)의 이름을 피하기 위하여 끊임없이 邱자로 바꾸어 나갔다. 특히 청대 雍正 3년(1725) 조정에서는 四書五經 외에 모든 전적과 지명, 인명 등에서 '丘'자를 '邱'자로 바꾸도록 조서를 내리기까지 하였다. 청나라가 망한 뒤 邱姓이 丘姓으로 회복하기도 하였으나, 그대로 邱자를 사용하는 사람도 많아 지금 邱씨와 丘씨가 구분되고 말았다. 그러나 丘씨는 邱씨에 비해 훨씬 그 수가 적다.

군망(郡望) : 河南·吳興郡.

역사상 주요 인물

【丘遲】 남조 梁 문학가.
【丘爲】 당대 시인.

【丘處機】원대 道士.
【丘濬】명대 文淵閣大學士.
【丘福】명대 장군.
【丘心如】청대 여류희곡작가.
【丘菽園】첨말 희곡작가, 화가.
【丘逢甲】청말 시인.

## 152
### 駱(Luò): 락

駱 주로 貴州, 廣東, 北京 등지에 집중적으로 분포함.

[원류]

① 영성嬴姓에서 기원

商(殷)나라 말 嬴姓의 한 지파로 飛廉이 있어, 그 아들 惡來와 함께 紂王을 섬겼다. 周 武王이 殷紂를 멸하자 악래는 죽고, 그 아들은 西方으로 피신하여 大邱에 대대로 살았다. 그 후손 大駱이 成을 낳아 다시 세력을 키워 大駱國을 건설하였다. 周 厲王 때 大駱國이 西戎에게 망하자, 그 나라 사람들이 駱자를 성씨로 삼았다.

② 강성姜姓에서 기원

서주 초 姜太公(呂尙)이 齊(姜姓)나라에 봉해졌으며, 그 후손에 이름이 駱인 자가 있어 公子 駱이라 불렀다. 그 후손이 조상의 이름을 성씨로 삼은 것이다.

③ 외족의 개성

北朝 後魏 鮮卑族의 他駱拔氏, 그리고 金代 여진족의 散答氏 등이 성을 駱씨로 하였다.

군망(郡望) : 會稽·河南郡.

역사상 주요 인물

【駱統】삼국 東吳 장수.
【駱牙】남조 陳 장수.
【駱賓王】당대 시인.
【駱文盛】명대 翰林院編修.
【駱秉章】청대 四川總督.

## 153
## 高(Gāo): 고

 중국 20大姓의 하나. 1,450여만 명(현재 중국 전체 인구의 약 1.12%). 주로 渤海灣 연안과 江蘇 및 東北 지역에 널리 분포함.

(원류)

### ① 인명에서 기원

고대 黃帝의 신하로 高元은 궁실을 짓는 데 뛰어났었다. 이가 고씨의 시조가 되어 고씨 성이 생겨났다.

### ② 高辛氏에서 기원

夏商시대 魯(山東), 豫(河南) 지역에 활동하던 高夷氏族은 帝嚳 高辛氏로 발전하게 되는 동이족이었다. 商나라 때 高夷가 지금의 山東 莒縣 일대에서 河南 북부로 이동하였으며 西周 초 高句驪라 불렀다. 뒤에 이들은 동북 만주 지역 高句麗로 발전하게 된다. 춘추 이후 고이는 점차 동북의 冀北(河北 북부)에서 遼東 지역으로 이동하면서 그 족인이 高씨를 성씨로 하였다.

### ③ 강성姜姓에서 기원

두 갈래로 나눌 수 있다.

첫째, 西周 초 姜太公이 齊에 봉해졌으며, 그 6세손 열(說)이 高(지금의 山東 禹城縣)을 식읍으로 받아 公子高라 불렸다. 그 자손이 읍 이름을 성씨로 삼은 것이다.

둘째, 춘추시대 齊 桓公의 후손 公子 祁의 자가 子高였으며, 그 후손이 조상의 자를 성씨로 삼은 것이다.

④ 외족의 개성

漢代 匈奴 句王 高不識의 후예가 고씨로 성을 삼았고, 十六國 때 後燕의 황제 慕容雲은 본래 鮮卑族으로 자칭 자신이 고대 顓頊 高陽氏의 후손이라 하면서 고씨를 성씨로 하였다. 북조 齊나라 때 北齊의 황제의 성이 高氏로써 당시 공을 세운 대신이나 장군들에게 고씨성을 하사하였다. 즉 元景安, 元文遙는 원래 선비족으로 齊나라에 공을 세우자, 齊 文宣帝(高洋)가 그들에게 고씨성을 내렸다. 그리고 중신 高隆은 본래 徐氏였으나, 그 아버지가 고씨에게 양자로 들어 高洋과 친분이 생기자 성을 고씨로 바꾸었다. 한편 高麗(高句麗)의 羽眞氏·婁氏 등이 中原으로 들어오면서 성을 고씨라 하였고, 金代 女眞族 紇石烈氏·納蘭氏 등이 역시 성을 고씨라 하였다. 그리고 滿洲族 八旗의 高佳氏·赫舍里氏·佟佳氏·郭洛氏 등이 집단적으로 高씨로 성씨를 정하였다.

군망(郡望) : 渤海郡.

역사상 주요 인물

【高漸離】 전국 燕나라 음악가.
【高誘】 동한 학자.
【高允】 북조 後魏 대신.
【高歡】 북조 東魏 승상.

【高洋】북조 齊 황제.
【高熲】수나라 재상.
【高騈·高仙芝】당대 명장.
【高適】당대 시인.
【高懷德】북송초 대장.
【高攀龍】명대 학자.
【高士奇】청대 書畫 收藏家.
【高鳳翰】청대 화가.
【高鶚】청대 문학가.

〈射獵圖〉

## 154
## 夏(xià): 하

> 夏  중국 60大姓의 하나. 470여만 명(현재 중국 전체 인구의 약 0.39%). 주로 長江 삼각주 일대에 집중적으로 분포함.

원류

① 사성姒姓에서 기원

商湯이 하나라 桀王을 멸한 뒤, 걸왕의 자손 중에 夏나라 禹임금의 號 夏后氏를 성씨로 삼고 있던 자가 있었다. 서주 초 周 武王이 夏王 少康의 후손을 杞(지금의 河南 杞縣)에 봉하였다. 춘추시대에 杞國이 楚나라에 망하자 杞 簡公의 아들 佗가 魯나라로 도망하여 夏를 성씨로 하였다.

② 규성嬀姓에서 기원

춘추시대 舜임금 有虞氏의 후손이 봉해졌던 陳(지금의 河南 淮陽縣 동남)나라 宣公의 서자 西가 있었는데 자가 子夏였다. 다시 그 손자 徵舒가 조부의 자를 취하여 夏徵舒라 하였으며 드디어 夏씨가 나타나게 되었다.

군망(郡望) : 會稽郡.

### 역사상 주요 인물

【夏黃公】 진말한초 고사, 商山四皓의 하나.
【夏恭】 동한초 학자.
【夏馥】 동한 명사.
【夏竦】 북송 대신.
【夏圭】 남송 화가.
【夏原吉】 명대 명신.
【夏言】 명대 大學士.
【夏寅】 명대 학자.
【夏完淳】 명말 反淸義士.

## 155
## 蔡(cài): 채

 중국 50大姓의 하나. 550여만 명(현재 중국 전체 인구의 약 0.46%). 주로 동남 해안 및 각지에 널리 분포함.

[원류]

① 길성姞姓에서 기원

黃帝의 후손 중에 姞姓을 얻은 자가 있었으며 堯, 舜, 禹 시기에 길성 부락은 주로 渭河 유역과 河南 黃河 연안에 활동하였다. 그 부락에서 제사를 담당하는 임무를 맡은 자를 蔡(祭와 같음)라 하였다. 서주 초 蔡國(지금의 河南 長垣縣 동북)이 商(殷)나라와 함께 망하자, 그 한 지파는 북쪽 지금의 河北 邢臺市 蔡河로 쫓겨갔으며, 다른 한 지파는 남쪽 지금의 湖北 黃梅縣 서남 蔡山으로 이주하여 각기 옛 나라 이름을 성씨로 삼게 되었다.

② 희성姬姓에서 기원

서주 초 周 武王이 그 아우 叔度를 蔡(지금의 河南 中牟縣 북쪽)에 봉하여 蔡叔度라 불렀다. 뒤에 이 채숙도가 紂王의 아들 武庚과 함께 반란을 일으켰다가 周公의 東征으로 추방당하게 되었다. 成王이 들어서자 이에 채숙도의 아들을 다시 蔡(지금의 河南 上蔡縣)에 봉하여 蔡仲이라 불렀다. 이 채나라는 초나라의 압력에 못이겨 여러 차례 이동하였으며 춘추 초기에는 新蔡(지금의 하나)로 옮겼다가 춘추 말에는 下蔡(지금의 安徽 鳳臺縣)으로 옮겼다. 결국 기원전 447년 楚나라가 이 채나라를 멸망시키고 그들을 蔡甸(지금의 湖北 漢川市 동남)으로 이주시켰다. 이에 그들이 채씨를 성씨로 삼게 된 것이다.

③ 외족의 개성

금대 여진족 烏林答氏와 청대 만주 팔기의 蔡佳氏·烏靈阿氏·薩瑪喇氏 등이 집단적으로 채씨를 성으로 하였다.

군망(郡望) : 濟陽郡.

역사상 주요 인물

【蔡澤】 전국 秦 재상.
【蔡倫】 동한 환관, 종이 발명.
【蔡邕】 동한 문학가, 서예가.
【蔡千秋】 동한 학자.
【蔡琰】 蔡文姬, 동한 여류시인.
【蔡襄】 북송 서예가.
【蔡元定】 남송 학자.
【蔡松年】 金代 문학가.

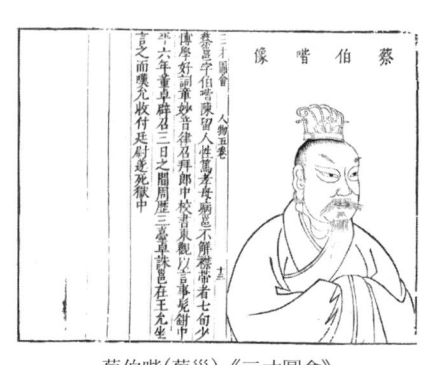

蔡伯喈(蔡邕) 《三才圖會》

## 156
## 田(Tián): 전

> 田 중국 60大姓의 하나. 460여만 명(현재 중국 전체 인구의 약 0.38%). 주로 四川, 河南, 山東, 河北 등지에 분포함.

(원류)

① 관직 이름에서 기원

田은 甸과 같으며 상(은)나라 때 지방에 파견하여, 농사를 감독하고 농토를 개간하는 임무를 맡은 관직이었으며 세습하였다. 춘추시대 이르러 서도 이와 같은 직책이 있어 晉나라 田蘇, 宋나라 田丙, 魯나라 田饒, 魏나라 田子方, 燕나라 田光 등이 그 후예들이다.

② 규성嬀姓에서 기원

서주 초 周 武王이 옛 舜임금의 후예 嬀滿을 陳(지금의 河南 淮陽市 동남)에 봉하였다. 춘추시대 陳 厲公의 아들 完(자는 敬仲)이 나라의 내란으로 齊나라로 망명하여 제나라 工正이 되었다. 그곳에서 陳과 田을 같은 발음으로 하여 두 글자를 섞어 쓰다가 결국 田씨로 표기하게 되었으며 이들 후손이 전국시대 齊나라 왕실이 된다.

③ 외족의 개성

서한 武陵郡 南蠻 大族에 田씨가 있었으며, 이들이 끊임없이 鄂(湖北), 豫(河南)로 이주하여 北朝 때 漢化하면서 일부는 중국 전씨로 발전하였다. 한편 북조의 幷州 田氏는 원래 흉노족에서 나와 山西 지역 전씨의 大族이 되었고, 西夏 党項族의 전씨는 陝(陝西), 甘(甘肅), 寧(寧夏) 전씨 선민이 되었다. 그리고 金代 女眞族 阿不哈氏가 집단적으로 田씨로 성을 바꾸었으며, 청대 滿洲族 八旗의 罕楚哈氏와 田佳氏 등도 모두 田씨로 성을 바꾸었다.

군망(郡望) : 雁門郡.

역사상 주요 인물

【戰國】 齊나라 왕실
【田忌】 전국 齊 대장.
【田子方】 전국 魏 대부.
【田光】 전국 燕 俠士.
【田單】 전국 齊 명장.
【田文】 孟嘗君. 전국 齊 戰國四公子의 하나.
【田騈】 전국 齊 사상가.
【田千秋】 서한 승상.
【田何】 서한 학자.
【田弘正】 당대 節度使.
【田汝成】 명대 문학가.
【田文鏡】 청대 대신.

## 157
## 樊(Fán): 번

 주로 陝西, 河南, 江西 등지에 집중적으로 분포함.

### 원류

① 자성子姓에서 기원

상(은)나라 때 왕실과 밀접한 7개 씨족이 있어, 이들을 '殷民七族'이라 불렀다. 樊氏는 그 중 하나였다.

② 희성姬姓에서 기원

周 宣王 때 왕족 중 仲山甫가 卿으로써 임금을 보좌한 공로로 樊(지금의 河南 濟源市 동남)에 봉해졌다. 그 후손이 봉지를 성씨로 삼은 것이며, 지금 번씨의 가장 큰 族源이 되었다.

③ 외족의 개성

漢代 巴郡, 南郡의 蠻族에 五大姓 중에 樊씨가 있었으며, 그들은 武落 鍾離山(지금의 湖北 長陽市 서북)에서 발원하였다. 그리고 十六國 때 씨족 중에 역시 樊씨가 있었다.

군망(郡望) : 上黨郡.

역사상 주요 인물

【樊遲】춘추 공자제자.
【樊噲】서한초 명장.
【樊英】동한 학자.
【樊興】당대 장군.
【樊圻】청대 화가.

〈樊噲〉明末淸初 馬駘(畵)《馬駘畵寶》

## 158
### 胡(Hú): 호

> 胡 중국 20大姓의 하나. 1,600여만 명(현재 중국 전체 인구의 약 1.3%). 주로 장강 유역의 여러 성에 널리 분포함.

[원류]

① 규성嬀姓에서 기원

서주 초 周 武王이 옛 舜임금(嬀姓)의 후손 嬀滿을 陳(지금의 河南 淮陽縣 동남)에 봉하였다. 규만이 장수하였고 덕이 있어, 그가 죽자 시호법 "彌年 壽考曰胡, 正允背私曰公"에 따라 胡公(胡公滿)이라 하였다. 이에 그 후손이 시호를 성씨로 삼은 것이다. 순임금 규성으로 뒤에 40여 개의 성씨로 발전하였는데, 그 중 가장 번성한 성씨가 陳, 胡, 田, 虞, 姚이며 虞성 외에 나머지 4개 성씨는 오늘날 백대성에 포함되고 있다.

② 귀성歸姓에서 기원

歸姓은 堯舜시대 夔部落에서 기원하여 당시 歸夷로 불렸다. 상왕 무정(고종) 때 귀이는 두 부족으로 나뉘어, 하나는 남쪽 四川과 湖北의 중간인 三峽으로 들어가 夔國을 세웠다. 그리고 중원 하남 偃城 일대에 남아있던 이들은 그 곳에 歸國과 胡國 등 두 나라를 세워 商나라의 속국이 되었다. 그 중 歸姓胡氏는 다시 둘로 나뉘어, 하나는 주 무왕이 은을 멸할 때 歸·胡 두 나라는 함께 망하였고, 다른 하나는 周 宣王 때 초나라가 기국을 멸하고 초나라 왕족을 이곳에 봉하여 미성(羋姓) 기국을 세워 주었다. 이 미성

기국은 춘추시대 동쪽 安徽 阜陽 일대로 옮겨 다시 胡國을 세워 胡子國이라 하였다. 춘추 말기 호자국이 초나라에게 망하자, 그 족인이 호자를 성씨로 삼게 되었다.

③ 희성姬姓에서 기원

周 武王이 歸國과 胡國을 멸한 다음 姬姓의 친족을 이곳에 봉하여 호국이라 하였으며, 역사에서는 이를 胡子國이라 한다. 춘추시대 이 호자국이 鄭 武公에게 망하자, 이들이 安徽 阜陽縣 부근에 이르러 나라를 다시 일으켰으나, 楚 靈王에게 망하고 말았다. 이들이 지금의 湖北 서북의 荊山 북쪽으로 옮겨 다시 나라를 세웠다가, 胡陽(지금의 河南 唐河縣)으로 옮겼다. 기원전 519년 楚나라가 吳나라를 공격하다가 실패하고, 돌아오는 길에 이 호자국을 지나면서 나라를 멸망시키고 말았다. 이에 그 후손이 호자를 성씨로 삼게 되었다.

④ 외족의 개성

北朝 後魏 孝文帝 때 鮮卑族 紇骨氏가 호씨로 성을 바꾸었으며, 당시 高車族에도 호씨가 있었다. 한편 遼代 거란족과 金代 여진족에게도 호씨가 있었다.

군망(郡望) : 安定郡.

역사상 주요 인물

【胡廣】 한대 太尉.
【胡奮】 서진 대장.
【胡瑗】 북송 학자, 교육가.

【胡安國·胡宏·胡寅】남송초 학자.
【胡三省】원초 사학가.
【胡大海】명초 장군.
【胡惟庸】명초 승상.
【胡應麟】명대 학자.
【胡宗憲】명대 명신.
【胡渭】청대 학자.
【胡光墉】청대 大商.
【胡林翼】청말 湘軍장수.

## 159
## 凌(Ling): 릉

 주로 湖南, 江西, 江蘇, 廣東, 浙江 등지에 분포함.

### 원류

◎ 희성(姬姓)에서 유래되었다. 西周 초 周 武王이 아우 康叔을 衛에 봉하였다. 그 강숙의 庶子가 周나라 '凌人'벼슬을 하였는데, 이는 궁중 얼음을 담당하는 직책이었다. 이 직책은 세습하여 그 후손들이 그 관직 명칭을 취하여 능씨로 성을 삼은 것이다.

### 군망(郡望) : 河間 · 渤海郡.

### 역사상 주요 인물

【凌統】 삼국 東吳 명장.
【凌準】 당대 翰林學士.
【凌策】 북송 工部侍郎.
【凌雲】 명대 명의.
【凌濛初】 명대 소설가.

【凌如煥】 청대 학자.
【凌瑚】 청대 화가.

## 160
霍(Huò): 곽

주로 陝西, 河南, 廣東, 內蒙古 등지에 분포함.

### 원류

○ 희성(姬姓)에서 유래되었다. 西周 초 周 武王이 아우 叔處(叔武)를 霍(지금의 山西 霍縣 서남)에 봉하여 霍叔이라 불렀으며, 管叔·蔡叔과 더불어 殷나라 유민을 감독하는 임무를 맡겨「三監」이라 불렸다. 무왕이 죽고 周公이 成王을 섭정하자 이들 삼감이 殷 紂의 아들 武庚과 모의하여 난을 일으켰다. 이에 주공이 東征하여 진압한 뒤, 霍叔을 서민으로 강등시키고 아들에게 나라를 잇도록 하였다. 춘추시대 이 霍나라가 晉나라에게 망하자, 그 유족이 나라 이름을 성씨로 삼은 것이다.

### 군망(郡望) : 太原郡.

### 역사상 주요 인물

【霍去病】 서한 驃騎將軍.
【霍光】 서한 대장군.
【霍端友】 북송 禮部侍郎.

【霍韜】명대 禮部尙書.
【霍元瞻】명대 화가.

霍去病

## 161
## 虞(Yú): 우

 주로 浙江에 집중적으로 분포함.

원류

① 규성嬀姓에서 기원

舜(嬀姓)임금이 지금의 山西 永濟市 경내 嬀水 곁에 살아 嬀姓을 갖게 되었으며, 禹가 즉위한 뒤 순임금의 아들 商均을 虞(지금의 河南 虞城縣 서남)에 봉하였다. 그 후손이 이에 봉지 이름을 성씨로 삼게 된 것이다.

② 희성姬姓에서 기원

서주 초 周 武王이 叔祖인 庶孫을 虞(지금의 山西 平陸縣 북쪽)에 봉하였는데, 춘추시대 이 虞나라가 晉나라에 소멸되자 그 유민이 나라 이름을 성씨로 삼은 것이다.

군망(郡望) : 陳留·會稽郡.

### 역사상 주요 인물

【虞卿】 전국 趙 上卿.
【虞詡】 동한 尙書令.
【虞翻】 삼국 東吳 학자.
【虞世南】 당초 대신, 서예가.
【虞允文】 남송초 대신.
【虞集】 원대 학자.
【虞景星】 청대 시인, 서화가.

## 162
## 萬(Wàn): 만

> 萬 중국 100大姓의 하나. 290여만 명(현재 중국 전체 인구의 약 0.24%). 주로 長江 유역에 집중적으로 분포함.

[원류]

① 희성姬姓에서 기원

두 갈래로 나눌 수 있다.
첫째, 서주 초 周 文王이 족인을 芮(지금의 山西 芮城縣 서쪽)에 봉하여 芮伯이라 불렀다. 춘추 周 桓公 때 예백의 이름이 萬이었으며, 그 지손 서손이 조상의 이름을 성씨로 삼은 것이다.
둘째, 주 무왕의 아우 高가 畢 땅을 봉지로 받아 畢公高라 하였다. 춘추시대 필공공의 후손 畢萬이 晉 獻公을 보좌하며 공을 세워 魏에 봉해졌다. 기원전 403년 이 魏나라가 趙나라, 韓나라와 더불어 晉나라를 삼분하여 三晉이 되었으며 전국시대 각기 戰國七雄의 반열에 오르게 되었다. 뒤에 秦始皇의 천하통일 때 이 나라가 망하자, 그 족인이 나라 이름을 성씨로 삼아 魏씨로 한 자도 있었고, 일부 한 지파는 선조 畢萬의 이름을 취하여 萬자를 성씨로 하였던 것이다.

② 영성嬴姓에서 기원

춘추시대 嬴姓의 莒國 중에 萬邑(지금의 山東 莒縣)이 있었으며, 뒤에 초나라에게 망하였다. 이에 그 후손이 읍 이름을 성씨로 삼은 것이다.

③ 미성芈姓에서 기원

楚(芈姓)나라가 거국을 멸한 다음, 그 만읍을 대부의 식읍으로 주었다. 그 후손이 읍 이름을 성씨로 삼은 것이다.

④ 외족의 개성

北朝 後魏 孝文帝가 흉노족 吐萬氏를 만씨로 성을 바꾸도록 하였다. 한편 북조 齊나라 文宣帝는 夏州 万俟氏를 萬씨 성으로 바꾸도록 하였다.

군망(郡望) : 扶風郡.

역사상 주요 인물

【萬章】 전국 孟子제자.
【萬脩】 동한초 명장.
【萬安國】 북조 後魏 대장.
【萬寶常】 수나라 음악가.
【萬堂】 명대 吏部尙書.
【萬斯大·萬斯同】 청대 학자.
【萬樹】 청대 문학가.

## 163
## 支(Zhi): 지

 주로 江西, 寧夏 등지에 분포함.

(원류)

① 인명에서 기원

堯舜 시기에 지보(支父)라는 자가 있어, 그 자손이 조상의 이름을 성씨로 삼은 것이다.

② 희성姬姓에서 기원

《路史》에 의하면 周 왕실의 후예로 支자를 성씨로 삼은 자가 있다 하였다.

③ 支子에서 기원

고대 正妻의 長子를 嫡子, 혹은 宗子라 하여 조상의 대를 잇는 정통으로 삼았으며, 그 나머지 아들은 모두 支子라 하였다. 이에 고대 왕공이나 제후의 지자들 중에 자신이 지자임을 살려 '支'자를 성씨로 삼았다.

④ 월지국月氏國에서 기원

　秦漢 시기 月氏부락이 지금의 甘肅 敦煌과 祁連山 사이에 유목생활을 하고 있었다. 이들이 뒤에 匈奴의 공격을 받아 지금의 新疆 서부 이리(伊犁)河 유역으로 밀려나 大月氏라 하였다. 한편 기련산에 남아 있던 이들은 그곳의 羌族과 혼합하여 소월씨가 되었으며, 대월지와 소월지들이 뒤에 다시 중국 경내에 포함되면서 月支로 불렸고 이들이 支자를 성씨로 삼게 되었다.

군망(郡望) : 琅琊郡.

역사상 주요 인물

【支謙】 동한 학자.
【支遁】 晉代 고승.
【支選】 북송 화가.
【支立】 명대 학자.
【支鑑】 명대 화가.

## 164
### 柯(Kē): 가

 주로 浙江省에 집중적으로 분포함.

**원류**

① 강성姜姓에서 기원

齊나라 姜太公의 후손 중에 柯邑(지금의 山東 東阿縣 서남)에 봉해진 자가 있어, 그 지손 서손이 그 땅 이름을 성씨로 삼은 것이다.

② 희성姬姓에서 기원

춘추시대 吳王(姬姓)의 아들 柯虜가 있었으며, 그 지손 서손이 조상의 이름을 성씨로 삼은 것이다.

③ 외족의 개성

北朝 後魏 鮮卑族의 柯拔氏가 漢化하면서 柯성을 취하였고, 裕固族의 卡勒嘎爾氏, 錫伯族의 科勒特斯氏 역시 성을 줄여 柯씨라 하였다.

군망(郡望) : 濟陽郡.

### 역사상 주요 인물

【柯隆】남조 齊 尙書僕射.
【柯述】북송 산문가.
【柯九思】원대 화가.
【柯昶】명대 山西巡撫.
【柯掄】청대 知縣.
【柯邵忞】청대 사학자.

165
昝(zǎn): 잠

昝 주로 四川 일대에 분포함.

원류

① 구성昝姓에서 기원

商나라 大司空의 이름이 昝單이었으며, 그 후손이 이를 성씨로 삼은 것이다. 그러나 '咎'는 '허물, 재앙'이라는 뜻으로 의미가 좋지 않아 咎자의 '口'를 '日'자로 바꾸어 새로운 글자 '昝'을 만들어 표기하였다.

② 외족의 개성

北朝 後魏의 叱盧氏가 중원으로 들어와 성을 昝씨로 하였다.

군망(郡望) : 太原郡.

### 역사상 주요 인물

【昝商】당대 학자.
【昝殷】당대 명의.
【昝居潤】북송초 檢校太尉.
【昝如心】명대 학자.
【昝學易】명대 知縣.

## 166
## 管(Guǎn): 관

 주로 江蘇, 山東 두 성에 집중적으로 분포함.

**원류**

① 희성姬姓에서 기원

　서주 초 周 文王의 셋째 아들 叔鮮이 管(지금의 河南 鄭州市)에 봉하여 管叔鮮이라 불렸으며, 霍叔·蔡叔과 함께 '三監'이라 하여 殷나라 유민을 감시하는 일을 맡았다. 무왕이 죽고 成王이 어린 채 즉위하여 周公(姬旦)이 섭정하자, 이들이 殷 紂王의 아들 武庚과 모의하여 반란을 일으켰다. 이에 주공이 東征하여 이들을 진압하고 관숙과 채숙을 죽여버렸다. 그 후손이 나라 이름을 성씨로 하여 관씨가 생겨나게 되었다. 그 외 周 穆王의 후손 管仲은 이름이 夷吾이며, 鮑叔牙와 함께 齊나라 桓公을 도와 패자로 만들었다. 그 후손이 역시 이 관중의 이름에서 성을 취하여 관씨라 하였다.

② 시버족錫伯族의 漢化와 개성

　지금 시버족(錫伯族)의 瓜爾佳氏가 漢族式 성을 취하면서 管씨로 하였다.

군망(郡望) : 平原郡.

역사상 주요 인물

【管仲】 춘추 齊 대신.
【管寧】 삼국 魏 학자.
【管師仁】 북송 吏部尙書.
【管道昇】 원대 여류화가. 趙孟頫의 처.
【管鳳苞】 청대 학자.

管夷吾(管仲)《三才圖會》

## 167
## 盧(Lú): 로

중국 50大姓의 하나. 560여만 명(현재 중국 전체 인구의 약 0.47%). 주로 廣東, 廣西, 海南島와 河北 각지에 널리 분포함.

[원류]

① 강성姜姓에서 기원

다시 두 갈래로 나눌 수 있다.

첫째, 춘추 초 齊(姜姓) 文公의 증손 傒가 齊나라 正卿이 되어 盧邑(지금의 山東 長淸縣 서남)을 봉지로 받았다. 그 자손이 읍 이름을 성씨로 삼은 것이다. 그런데 姜氏齊가 田氏齊로 바뀌자, 노성을 가진 자들이 북쪽으로 흩어졌다가 진나라 때 박사 盧敖가 涿郡(지금의 河北)에 정착하여 涿郡盧氏가 되었다. 그리고 삼국시대 탁군이 范陽으로 지명이 바뀌어 范陽盧氏라 불렸다. 이 범양노씨는 博陵崔氏·趙郡李氏·榮陽鄭氏·太原王氏와 더불어 중국 오대 望族으로 발전하여 천여 년을 두고 위세를 떨쳤다.

둘째, 춘추 齊 桓公의 후예가 盧蒲(지금의 河南 文安縣 서쪽)를 봉지로 받았다가 전국시대 燕나라 땅이 되었다. 이에 그 후손이 읍 이름을 취하여 盧蒲氏라 하였다가 뒤에 줄여서 盧씨를 성씨로 하였다.

② 규성嬀姓에서 기원

舜(嬀姓)임금 후예의 한 지파가 夏商 때 盧地(지금의 湖北 襄樊市 서남)에 활동하면서 戎蠻과 합쳐 盧戎이 되었다. 서주 초 순임금 후손이 이 盧國에 봉해졌고 춘추 중기 이 盧國이 楚나라에게 망하고 말았다. 이에 盧國 임금의 자손이 나라 이름을 성씨로 하여 盧氏라 하였다가 盧氏로 바꾸게 되었다. 이들은 뒤에 남쪽으로 이동하여 盧陽(지금의 湖南 汝城縣)을 거쳐 더욱 남쪽으로 越南으로 들어가 그곳의 토착민과 합쳐 越族이 되었다. 三國시대 이 越族 盧蠻이 북쪽으로 돌아와 廣東, 廣西에 정착하 오늘날 그곳 노성의 집성촌을 이루게 되었다.

③ 외성, 외족의 개성

東漢 초 閻丘라는 성을 가진 자가 왕명에 의해 盧氏로 바꾸었으며, 魏晉시대 范陽雷氏의 하나가 자신의 족세가 미약하다 여겨 盧씨로 바꾸었다. 隋나라 煬帝가 천문에 뛰어났던 仇大翼에게 노씨성을 하사하였다. 한편 北朝 後魏 鮮卑族의 莫盧氏·豆盧氏·奚什盧氏·吐伏盧氏 등이 집단적으로 노씨성을 택하였고, 金代 여진족 紇石烈氏族이 일부 盧氏로 바꾸었다. 그리고 청대 만주족 八旗의 赫舍里氏가 집단적으로 盧氏로 바꾸었다.

군망(郡望) : 范陽郡.

역사상 주요 인물

【盧敖】秦나라 박사.
【盧綰】서한초 燕王.
【盧植】동한 명신.
【盧諶】동진 문학가.
【盧辯】북조 周 명신.
【盧照鄰】당초 시인, 初唐四傑의 하나.
【盧綸】당대 시인, 大曆十才子의 하나.
【盧仝】당대 시인.

【盧鴻】당대 화가.
【盧摯】원대 문학가.
【盧象昇】명말 명장.
【盧坤】청대 軍機大臣.

## 168
### 莫(Mò): 막

 주로 廣西, 四川, 廣東 등지에 분포함.

**원류**

① 미성芈姓에서 기원

춘추시대 楚(芈姓)나라에 莫敖라는 관직이 있어 令尹 다음의 높은 직위였다. 이들 후손이 莫敖氏로 성씨를 정하였다가 줄여서 莫씨라 한 것이다.

② 규성嬀姓에서 기원

춘추시대 舜(嬀姓)임금 有虞氏의 후예로써 虞幕이 있었다. 이 후손이 幕으로 성씨를 삼았다가 '巾'을 제하고 '莫'으로 표기하였다.

③ 高陽氏에서 기원

顓頊 高陽氏의 지손 서손이 鄚(지금의 河北 任丘市)에 거하면서 그 땅 이름을 성씨로 삼았다가 唐 睿宗 景雲 2년(711)에 'ß'을 제하고 '莫'으로 표기하였다.

④ 외족의 개성

北朝 後魏 鮮卑族의 邢莫氏와 莫那婁氏 등이 성씨를 '莫'으로 하였다.

군망(郡望) : 鉅鹿·江陵郡.

역사상 주요 인물

【莫珍元】한대 학자.
【莫宣卿】당대 명사.
【莫休符】당대 刺史.
【莫是龍】명대 서화가.
【莫友芝】청대 학자, 서예가.

## 169
### 經(Jing): 경

經 주로 江蘇, 浙江 일대에 분포함.

[원류]

① 희성姬姓에서 기원

춘추 말 魏(희성)나라에 經侯가 있어 그 후손이 이를 성씨로 삼았다.

② 경성京姓에서 기원

춘추시대 鄭 武公의 어린 아들 共叔段이 京(지금의 河南 滎陽縣 동남)에 봉해져 京叔段으로 불렸다. 그 자손이 읍 이름을 취하여 京姓으로 삼았다. 그 뒤 西漢 후기 京房이 옥에 갇혀 죽음을 당하자, 후손들이 화를 면하고자 京과 음이 같은 經자로 개성하였다.

③ 유성劉姓에서 기원

東漢 초 光武帝 劉秀의 친족 아버지 항렬에 자가 經孫이었던 이가 있었다. 그 후손들이 그의 자를 취하여 經孫氏라 하였다가 다시 줄여 經씨로 한 것이다.

군망(郡望) : 滎陽·平原郡.

역사상 주요 인물

【經濟】명초 耆老.
【經承輔】명대 은사.
【經綸】청대 화가.
【經元善】청말 知府.

## 170
### 房(Fáng): 방

房 주로 山東, 山西, 陝西, 江蘇 등지에 분포함.

[원류]

① 도당씨陶唐氏에서 기원

고대 舜임금이 堯임금의 아들을 房(지금의 河南 遂平縣)에 봉하여, 그 아들 陵이 아버지의 봉읍을 성씨로 삼아 그를 흔히 房陵이라 불렀다. 그 뒤 자손들이 그 봉읍을 성씨로 삼은 것이다.

② 晉나라 때 房乾이 북방에 사신으로 갔다가 鮮卑族에게 감금당하였는데, 당시 鮮卑語로 '집'(房舍)을 '屋引'이라 하여 방건의 자손들이 '屋引氏'라 하였다. 그 뒤 北朝 後魏의 孝文帝가 中原으로 들어오자, 그들은 다시 그 성을 한어에 맞게 '房氏'로 되돌렸다고 한다.

[군망(郡望)]: 淸河郡.

### 역사상 주요 인물

【房雅】 서한말 清河太守.
【房謨】 북조 齊 晉州刺史.
【房暉遠】 수대 학자.
【房玄齡】 당초 명신.
【房從眞】 오대 前蜀 화가.
【房寬】 명초 명장.

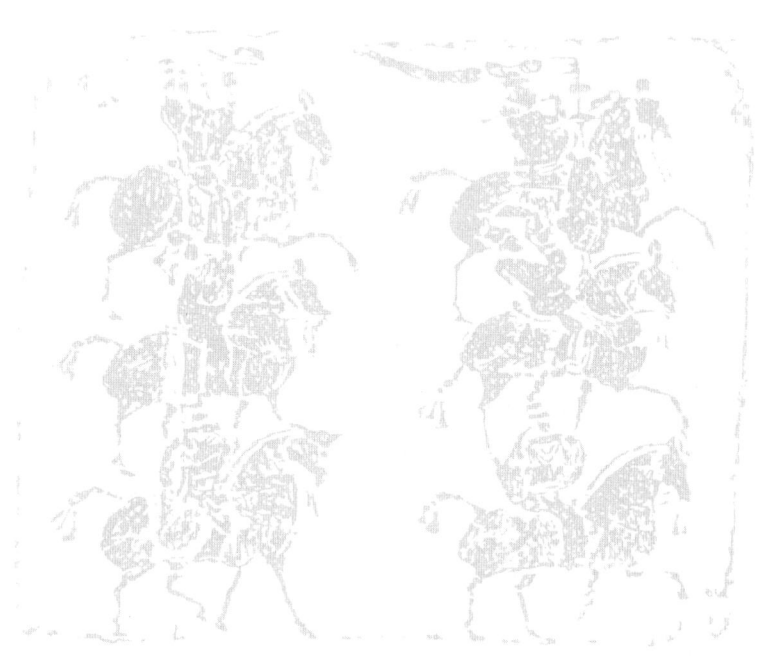

**171**
裘(Qiú): 구

 주로 浙江, 江蘇 등지에 분포함.

[ 원류 ]

① 관직 이름에서 기원

《周禮疏》에 의하면 周나라 관직에 裘官이 있어 가죽, 피의 등 제작을 담당한 갖바치가 있었다. 이에 그 후손들이 그 직책을 성씨로 삼게 된 것이다.

② 지명에서 기원

춘추시대 衛나라 대부로써 裘邑(지금의 河南 북부)에 봉해진 자가 있어 후손이 그 읍 이름을 성씨로 삼은 것이다.

③ 외성의 개성

고대 仇姓이 화를 피하기 위하여 裘姓으로 바꾸었으며, 혹 이 裘姓이 같은 음의 求姓으로 바뀌기도 하였다.

군망(郡望) : 渤海郡.

역사상 주요 인물

【裵苞】서한 秦州刺史.
【裵萬頃】남송 시인.
【裵日修】청대 尙書.
【裵璉】청대 희곡작가.

172
繆(Miào): 무·묘

繆 주로 江蘇, 湖南 등지에 분포함.

(원류)

⓪ 영성(嬴姓)에서 유래되었다. 춘추시대 秦(嬴姓) 穆公은 이름이 任好였으며 시호는 '穆'이었다. 고대 이 글자는 繆와 같은 음으로 진 목공 역시 역사서에는 繆公으로도 표기하였다. 그 지손의 후손들이 조상 왕의 시호를 성씨로 삼아 繆자를 택한 것이다. 한편 이 글자는 宋代 이후 '무' 혹은 '묘'(Miào)로 읽기 시작하여 '穆'(Mù)과 구별하기 시작하였다. 따라서 여기서는 우리 음으로 '묘'로 읽는 것이 타당하다.

(군망(郡望)): 蘭陵郡.

(역사상 주요 인물)

【繆生】 서한 長沙內史.
【繆襲】 삼국 魏 문학가.
【繆希雍】 명대 명의.
【繆彤】 청대 학자.
【繆謨】 청대 시인, 화가.

## 173
## 干(Gān): 간

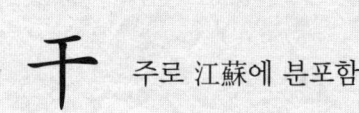
주로 江蘇에 분포함.

[ 원류 ]

① 희성姬姓에서 기원

周 武王이 그 아들을 干國('邗'으로도 표기하며 지금의 江蘇 江都縣)에 봉하였는데, 춘추시대 吳나라에게 망하자 그 유민이 나라 이름을 성씨로 삼았다.

② 자성子姓에서 기원

춘추시대 宋(子姓)나라 대부로 간주(干犨)가 있었는데, 그 자손이 조상의 이름을 취하여 성씨로 삼은 것이다.

③ 지명에서 기원

춘추시대 吳나라에 干隧(지금의 江蘇 吳縣 서북)라는 지명이 있어 越王이 句踐이 吳王 夫差를 사로잡은 곳이다. 그 뒤 그곳 주민들이 땅 이름을 성씨로 삼은 것이다.

④ 외족의 개성

　北朝 後魏 鮮卑族의 紇干氏가 中原으로 들어와 漢化하면서 干씨를 성으로 삼았다.

군망(郡望) : 潁川郡.

역사상 주요 인물

【干將】춘추 劍의 名匠.
【干寶】동진 문학가,《搜神記》찬술.
【干彦思】당대 명사.
【干桂】명대 都御史.

## 174
### 解(xiè): 해

解 주로 河北, 遼寧, 河南 등지에 분포함.

원류

① 희성姬姓에서 기원

서주 초 周 武王이 아우 叔虞를 唐에 봉하여 唐叔虞라 불렀다. 그러자 당숙우는 다시 그 아들 良을 解(지금의 山西 解縣)에 봉하여 解良이라 불렀다. 그 후손이 이에 성씨를 解로 하고 해량을 시조로 모시며, 이것이 지금 해씨의 가장 주된 성원이다.

② 지명에서 기원

東周가 洛陽을 도읍으로 하였을 때 그 부근에 大解와 小解라는 지명이 있었다. 이 두 곳이 춘추 중기 차례로 晉나라의 영토가 되자, 그 곳 사람들이 지명을 성씨로 삼았다.

③ 외족의 개성

北朝 後魏 선비족 拓跋部의 解毗氏가 解성으로 하였다. 唐代 百濟國 (한국) 大臣 8성 중 해씨가 있었으며, 이들이 중원으로 들어와 해씨 성을 이어갔다.

④ 解氏의 독음

현재 중국음에서 '解'자는 일반적으로 'jiě, jiè'로 읽으나 성씨일 경우 'Xiè'로 읽는다. 그런가 하면 서북 지역에서는 'Hài', 혹은 'Sài'로 읽기도 하며, 또는 'Jiě'로 읽기도 한다.

군망(郡望) : 平陽・雁門郡.

역사상 주요 인물

【解光】 동한 司隷校尉.
【解琬】 당대 御史大夫.
【解處中】 오대 南唐 화가.
【解潛】 남송초 명장.
【解縉】 명초 학자.
【解開】 명대 학자.

## 175
## 應(Ying): 응

 주로 浙江, 安徽, 江西 등지에 분포함.

### 원류

⓪ 희성(姬姓)에서 유래되었다. 西周 초 周 武王이 그 넷째 아들을 應(지금의 河南 魯山縣)에 봉하여 應侯라 불렀다. 춘추시대 이 나라가 다른 나라에 병탄되어 사라지자, 그 자손들이 나라 이름을 성으로 삼은 것이다.

### 군망(郡望) : 汝南郡.

### 역사상 주요 인물

【應曜】 서한초 은사.
【應劭】 동한 학자.
【應瑒·應璩】 형제 모두 三國 魏 문학가.
【應用】 북조 周 서예가.
【應本仁】 원대 학자.

## 176
宗(zōng): 종

 주로 安徽, 江西, 河北 등지에 분포함.

원류

① 관직 이름에서 기원

周나라 관직으로 宗伯은 종실의 일을 맡아 처리하여 太宗, 上宗으로도 불렸다. 그 후손들이 그 관직의 글자를 취하여 성씨로 삼은 것이다.

② 자성子姓에서 기원

춘추시대 宋(子姓) 襄公의 아우 敖의 손자 伯宗이 권력 쟁탈에 실패하여 죽음을 당하였다. 그 아들 伯州犁가 楚나라로 도망하였고, 백주리의 아들 連이 다시 宛(지금의 河南 南陽市)으로 이주하여 할아버지의 이름 중 宗자를 취하여 宗連이라 불렸다. 이에 그 후손이 宗을 성씨로 삼고 종련을 시조로 모시게 되었다.

③ 언성偃姓에서 기원

춘추시대 偃姓의 宗이라는 나라가 있었다. 그 나라가 망하자 유족이 나라 이름을 성씨로 삼게 된 것이다.

군망(郡望) : 南陽·京兆郡.

역사상 주요 인물

【宗世林】삼국 魏 명사.
【宗炳】남조 宋 서화가.
【宗懍】북조 周 車騎大將軍,《荊楚歲時記》찬술.
【宗澤】남송초 抗金 명장.
【宗臣】명대 문학가.
【宗元鼎】청대 화가.

## 177
## 丁(Ding): 정

> 丁 중국 50大姓의 하나. 500여만 명(현재 중국 전체 인구의 약 0.24%). 주로 江西, 福建 등지에 집중적으로 분포함.

**원류**

① 고대 정국丁國에서 기원

商나라 때 丁侯가 반란을 일으키자 武丁(高宗)이 정벌하였다는 기록이 있다. 서주 초 周 武王이 상(은)을 멸한 다음 丁國도 함께 멸하여 그 유민이 나라 이름을 성씨로 한 것이다.

② 강성姜姓에서 기원

姜太公이 서주 초 齊나라를 봉지로 받았으며 그 아들 伋이 周나라 중신이 되었다. 그가 죽어 시호가 丁公이라 하였다. 정공의 서자가 드디어 그 아버지의 시호를 성씨로 삼은 것이다.

③ 자성子姓에서 기원

춘추시대 宋(子姓)나라 대부 丁公의 자손이 역시 丁자를 성씨로 하였다.

④ 외성, 외족의 개성

　三國 東吳의 장군 孫匡이 죄를 짓자, 孫權이 자신의 성씨임을 부끄럽다 여겨 칙령을 내려 丁씨로 바꾸도록 하였다. 그리고 북송 때 于慶이 당시 재상 丁謂에게 빌붙고자 스스로 丁慶이라 성명을 바꾸었으며, 뒤로 이 집안이 번성하여 망족이 되자 자손들이 그대로 성씨를 이어갔다. 元나라 이후 이슬람교를 믿는 서역의 많은 아랍인들이 중국에 들어오면서 성씨를 丁자로 역음하였다. 이들이 뒤에 한화되면서 그대로 그 성씨를 유지하였으며 오늘날 정씨의 주된 성원이 되었다.

군망(郡望) : 濟陽郡.

역사상 주요 인물

【丁恭】 동한 학자.
【丁奉】 삼국 東吳 명장.
【丁度】 북송 학자.
【丁雲鵬】 명대 화가.
【丁寶禎】 청대 四川總督.
【丁汝昌】 청대 명장.
【丁丙】 청대 장서가.
【丁日昌】 청대 명신.

## 178
## 宣(Xuān): 선

 주로 江蘇, 安徽 등지에 분포함.

원류

① 희성姬姓에서 기원

다시 두 갈래로 나눌 수 있으며 그 하나는 西周(姬姓) 厲王의 아들 宣王이 재위 46년 만에 죽어 시호를 '宣'이라 하였다. 그 지손의 서손이 이 시호를 성으로 삼았던 것이다. 그리고 다른 하나는 춘추시대 魯(姬姓)나라 대부 叔孫僑如가 죽은 뒤 시호가 '宣伯'이었다. 이에 그 후손이 시호를 성씨로 삼았다.

② 자성子姓에서 기원

춘추시대 宋(子姓)나라 임금으로 재위 19년 만에 죽어 시호가 宣公이었다. 이에 그 지손의 서손이 조상의 시호를 성으로 삼게 된 것이다.

군망(郡望) : 始平·東郡.

### 역사상 주요 인물

【宣秉】 동한초 大司徒.
【宣亨】 북송 화가.
【宣繒】 남송 參知政事.
【宣昶】 명대 학자.

## 179
## 賁(Bēn): 분

 주로 遼寧 등지에 분포함.

[원류]

① 영성嬴姓에서 기원

서주 때 秦(嬴姓)나라 임금 非子의 후손으로 '賁'을 성씨로 삼은 자가 있었다.

② 苗氏에서 기원

춘추시대 晉나라 대부 묘분보(苗賁父)의 후손이 조상의 이름 중 賁자를 써서 성씨로 삼았다.

③ 인명에서 기원

秦나라 초 군현제도를 실시하면서 원래 魯나라 지역이었던 곳에 魯縣(지금의 山東 曲阜市 일대)을 설치하였다. 그곳에 분보(賁父)라는 자가 있어 그 후손들이 조상의 이름을 성씨로 삼게 된 것이다.

군망(郡望) : 宣城郡.

역사상 주요 인물

【貢赫】 서한초 장수.
【貢生·貢麗】 서한 학자.
【貢亨】 원대 장군.

## 180
## 鄧(Dèng): 등

 중국 50大姓의 하나. 650여만 명(현재 중국 전체 인구의 약 0.54%). 주로 四川, 湖南, 廣東 등지에 분포함.

( 원 류 )

① 고대 등국鄧國에서 기원

황제 때 대신 鄧伯溫은 鄧國(지금의 山東 荷澤市) 제후였다. 그 나라 사람들이 나라 이름을 성씨로 삼은 것이다.

② 사성姒姓에서 기원

夏王 仲康이 그 서자를 鄧(지금의 河南 孟州市 서쪽 鄧城)에 봉하였다. 이 나라가 商王 武丁 때 망하자, 그 자손이 남쪽 지금의 河南 偃城 동남 鄧城으로 이주하여 鄧자를 성씨로 삼았다.

③ 자성子姓에서 기원

상왕 武丁이 등나라를 멸한 다음 숙부 曼季를 그곳에 봉하고 성을 曼氏로 하사하였다. 뒤에 周 武王이 商(殷)을 멸한 다음 이 등국은 남쪽 鄧塞(지금의 湖北 襄樊市 북쪽)으로 밀려났다가 춘추시대 楚 文王에게 망하고 말았다. 이에 그 족인이 나라 이름을 성씨로 삼았으며, 다시 북쪽 지금의 河南 鄧州로 이주하여 漢나라 때 유명한 南陽鄧氏의 망족으로 발전하였다.

④ 이성, 외족의 개성

　　五代 南唐 후주의 8째 아들 李從鎰이 鄧侯에 봉해졌다가, 남당이 망하고 宋나라가 남당 왕족을 찾아 없애려 하자, 이종일을 아들 李天和가 지금의 湖南 安化로 숨어들면서 성을 등씨로 바꾸었다. 한편 周 武王이 등나라를 멸한 다음, 주 무왕을 따라 동정에 참여하였던 隗姓의 장수가 등나라에 들어가 역시 자신의 성을 등씨로 바꾸었다. 뒤에 이 지파의 등씨가 서쪽 甘肅, 四川 변방으로 이주하여 鄧至(지금의 감숙과 사천 경계의 摩天嶺 남쪽 羌族 거주 지역)에 이르러 鄧至羌이 되었다가 북조 주나라 때 망하였다. 이 등지강의 한 지파가 남쪽 雲南으로 들어가 唐代 勿鄧國이 되었으며, 이들 일부가 다시 四川 涼山의 彛族에 융입되었다. 그 뒤의 이족 중 등성은 바로 이 물등에서 비롯된 것이다.

군망(郡望) : 南陽郡.

역사상 주요 인물

【鄧析】 춘추 鄭나라 대부, 사상가, 鄧析子.
【鄧禹】 동한초 대장.
【鄧騭】 동한 명장.
【鄧芝】 삼국 蜀漢 명신.
【鄧艾】 삼국 魏 명장.
【鄧牧】 원초 학자.
【鄧廷楨】 청말 명장.
【鄧世昌】 청말 해군장군.
【鄧石如】 청말 전각가, 서예가.

## 181
### 郁(Yù): 욱

郁　주로 安徽 등지에 분포함.

**원류**

① 지명에서 기원

고대 有郁國이 있어 춘추시대 吳나라 대부의 봉지가 되었다. 그 자손들이 봉지 이름을 성씨로 삼은 것이다. 한편 고대 扶風에 郁夷縣(지금의 陝西 隴縣 서쪽)이 있었고, 北地에 郁致縣(지금이 甘肅)이 있어 당지 거주민이 땅 이름을 성씨로 삼았다.

② 인명에서 기원

춘추시대 魯나라 재상 郁黃(郁貢)의 후손들이 조상의 이름을 성씨로 삼았다.

③ 나라 이름에서 기원

고대 西域에 郁立國이 있었는데, 그 곳 사람들이 나라 이름을 성씨로 삼았다.

④ 鬱姓과의 구별

지금 간체자로 '鬱'자를 '郁'으로 표기하여 같은 음과 글자가 되었으나, 고대 '郁'씨와 '鬱'씨는 전혀 음이 다르며 원류도 다른 별개의 성이었다.

군망(郡望) : 黎陽郡.

역사상 주요 인물

【郁藻】송대 명사.
【郁繼善】송대 명의.
【郁文博】명대 장서가.
【郁綸】명대 知縣.
【郁植】청대 학자.

## 182
## 單(Shàn): 선

 주로 江蘇, 浙江, 山東 등지에 집중적으로 분포함.

### 원류

① 희성姬姓에서 기원

이 경우 음이 '선'(Shàn)이며 서주 초 周 成王이 막내아들 진(臻, 혹 蔑이라도 함)을 선(單, 지금의 河南 孟津縣 동남)에 봉하여 선백(單伯)이라 불렸다. 그 후손이 이를 성씨로 삼은 것이다.

② 외족의 개성

역시 '선'(Shàn)으로 읽으며 고대 氏族의 선성(單姓)이 상군(지금의 陝西 榆林市)에 살아왔고, 그 이 다호르(達斡爾)族의 單姓은 敖沃勒氏와 索多爾氏, 克力徹爾氏 등이 성을 바꾼 것이다. 그리고 滿洲族의 單姓은 都善氏와 敖拉氏 등이 성을 바꾼 것이다.

③ 鮮卑族의 단성單姓

이 경우 '단'(Dān)으로 읽으며 北朝 後魏 鮮卑族의 阿單氏, 渴單氏와 金代 女眞族의 徒單氏 등이 單氏로 바꾼 것이다. 지금 山西 絳縣 일대 單姓은 모두 이들 후손으로 '단'으로 읽어 그 근원이 다름을 표시하고 있다.

군망(郡望) : 河南·汝南郡.

### 역사상 주요 인물

【單左車】서한초 中牟侯.
【單超】동한 車騎將軍.
【單雄信】수말 명장.
【單思恭】명대 시인.
【單隆周】청대 학자.

## 183
## 杭(Háng): 항

杭 주로 江蘇, 湖南 등지에 분포함.

원류

① 사성姒姓에서 기원

고대 우가 치수 사업을 마쳤을 때 사용하던 많은 舟航(板木船)을 長江 하류에 남겨 두었다. 그리고 자신의 아들에게 이를 관리하도록 하면서 餘航國(지금의 浙江 餘杭市)에 봉하였다. 그 후손이 이에 航씨를 성으로 삼았다가 위에 글자를 杭으로 바꾼 것이다.

② 항씨抗氏에서 기원

東漢 長沙太守 抗徐는 丹陽(지금의 安徽 宣城市) 사람이었는데 고대 '抗'과 '杭'이 통용되던 글자로써 그 자손이 '抗'자를 '杭'자로 바꾼 것이다.

군망(郡望): 餘杭·丹陽郡.

[역사상 주요 인물]

【杭徐】 동한 長沙太守.
【杭淮】 명대 시인.
【杭雄】 명대 장수.
【杭世駿】 청대 학자.

184
洪(Hóng): 홍

洪  주로 동남쪽 여러 省 및 臺灣 등지에 분포함.

[원류]

① 공씨共氏에서 기원

몇 가지 갈래로 나눌 수 있다.
첫째, 고대 炎帝 神農氏의 후예 共工氏가 黃帝 때 치수의 일을 맡다 그 후손이 조상의 이름 共자를 성씨로 삼았다.
둘째, 商나라 때 제후국으로 共國(恭國, 지금의 河南 輝縣)이 있었으며, 이 나라가 周 文王에게 망하자 그 유민들이 나라 이름을 성씨로 삼은 것이다.
셋째, 원래 姬姓에서 나왔다. 서주 때 주나라 동성 제후를 옛 공국에 봉하여 춘추시대 衛나라에게 망하고 말았다. 이에 그 후손이 나라 이름을 성씨로 삼았다.
넷째, 조상의 시호를 따른 것으로 춘추시대 晉나라 太子 申生의 시호가 共이었으며, 그 후손이 이를 성씨로 삼은 것이다.
이들 공씨들이 모두 원수를 피하여 '共'자에 다시 '氵'자를 더하여 모두 洪氏가 되었다.

② 외성, 외족의 개성

　　北朝 後魏 獻文帝의 이름이 拓跋弘이었으며, 효문제의 이름이 元宏이었다. 이에 북방 弘氏와 宏氏들이 천자의 이름을 피하여 모두 洪氏로 바꾸었다. 한편 唐代 남방 宏氏는 唐 高宗 李弘의 이름을 피하여 洪씨로 하였으며, 북송 초 관원이었던 劉弘昌, 劉弘果 두 형제는 宋 太祖 趙匡胤의 아버지 趙弘殷의 이름을 피하여 아예 성을 洪씨로 바꾸어 洪昌, 洪果로 하였다. 그 후손이 이를 환원하지 않았으며 오늘날 홍씨의 중요한 姓源이 되었다.

군망(郡望) : 敦煌・豫章郡.

역사상 주요 인물

【洪炬】동한 廬江太守.
【洪适】남송 재상, 학자.
【洪邁】남송학자, 弘适의 아우.
【洪咨夔】남송 시인.
【洪亮吉】청대 학자.
【洪秀全】청말 太平天國 天王.

## 185
## 包(Bao): 포

 주로 江蘇, 浙江 등지에 분포함.

### 원류

① 풍성風姓에서 기원

太昊 伏羲氏(風姓)은 음에 따라 伏羲, 庖羲, 包羲, 宓戲 등 여러 가지로 표기하고 있다. 그 후예 중에 '包'자를 취하여 성씨로 삼은 것이다.

② 미성芈姓에서 기원

춘추시대 楚(芈姓)나라 대부 申包胥는 초왕 蚡冒의 후손으로 王孫包胥라고도 불렸다. 그 자손이 조상의 자를 성씨로 삼은 것이다.

③ 외성, 외족의 개성

西漢 말 丹陽 鮑氏는 王莽의 학정을 피하기 위하여 성을 '包'로 바꾸었다. 그리고 北宋 西戎의 수령 俞龍이 부락을 이끌고 宋나라에 귀의하면서, 자칭 충신 包拯의 사람됨을 경모한다고 하여 조정에서 그에게 包씨 성을 하사하였다. 한편 滿洲族 烏雅氏, 蒙古族 孛兒只斤氏 등이 한족식 包姓을 성씨로 하였다.

군망(郡望) : 上黨・丹陽郡.

### 역사상 주요 인물

【包咸】한대 大鴻臚.
【包融】당대 시인.
【包拯】북송 명신.
【包見捷】명대 吏部侍郎.
【包世臣】청대 서예가.

# 186
## 諸(zhū): 제

諸 주로 浙江 등지에 분포함.

**원류**

① 팽성彭姓에서 기원

상고시대 壽星 彭祖의 후예로써 魯나라 대부가 되어 諸邑(지금의 山東 諸城市 서남)에 봉을 받은 자가 있었다. 그 자손이 봉지 지명을 성씨로 삼은 것이다.

② 사성姒姓에서 기원

두 갈래로 나눌 수 있다.

첫째, 越나라는 大禹의 서손 후예가 세운 나라로 춘추시대 越나라 대부로써 諸稽郢이 있었다. 이 후손이 조상의 이름을 성씨로 삼은 것이다.

둘째, 전국시대 越王 句踐의 후손 無諸가 스스로 閩中王이 되었다가 秦始皇의 천하 통일 때 閩越王을 폐하고 閩中郡을 두었다. 초한전 때 無諸가 무리를 이끌고 劉邦을 도와 공을 세우자 유방이 그를 閩越王에 봉하였다. 漢 武帝 때 나라가 폐지되자, 그 자손이 조상의 이름을 취하여 성씨로 삼은 것이다.

③ 諸葛氏에서 기원

　북송 초 五代 後周의 신하 諸葛十明이 새로운 왕조에 협조할 수 없다고 여겨, 복성 제갈을 제씨 성으로 바꾸고 江南 紹興의 會稽山에 은거하였다. 이 성씨가 뒤에 浙江諸姓의 姓源이 되었다.

군망(郡望) : 琅琊郡.

역사상 주요 인물

【諸發】전국초 越 대부.
【諸燮】명대 兵部主事.
【諸大綬】명대 狀元.
【諸匡鼎】청대 시인.
【諸祖潛】청대 화가.

## 187
## 左(zuǒ): 좌

 주로 河北, 山東, 江蘇, 四川 등지에 분포함.

### 원류

① 고대 좌씨左氏에서 기원

고대 黃帝 軒轅氏 때 신하 左徹이 황제를 위하여 三鼎을 주조하였다. 그 후대가 조상의 이름을 성씨로 하였다.

② 강성姜姓에서 기원

춘추시대 齊(姜姓)나라는 왕의 아들을 좌우로 구분하여 右公子, 左公子라 하였다. 이에 좌공자의 후손이 그 칭호를 성씨로 삼은 것이다.

③ 관직 이름에서 기원

서주로부터 周나라는 제후 여러 나라에 左史와 右史를 두도록 하였다. 그 중 左史는 임금의 언행과 천문 변화를 관찰하여 기록하는 임무를 맡았다. 그 예로 周 穆王 때 左史 戎夫, 魯나라의 左史 丘明, 楚나라의 左史 倚相 등이 있었다. 그 후손이 조상의 관직 이름을 성씨로 삼은 것이다.

④ 외족의 개성

　당송시대 유태인이 중국에 들어와 살게 되면서 이들 중 일부가 한족식 성으로 따라 그 중 左씨 성을 취한 자가 많았다. 그리고 淸代 滿洲族 八旗의 哈斯虎氏, 지금 裕固族의 綽羅斯氏 등은 모두 左씨를 성으로 정하였다.

군망(郡望) : 濟陽郡.

역사상 주요 인물

【左雄】 한대 尙書令.
【左慈】 동하말 술사, 방사.
【左思】 서진 문학가.
【左良玉】 명대 女將帥.
【左光斗】 명대 명신.
【左宗棠】 청말 대신.

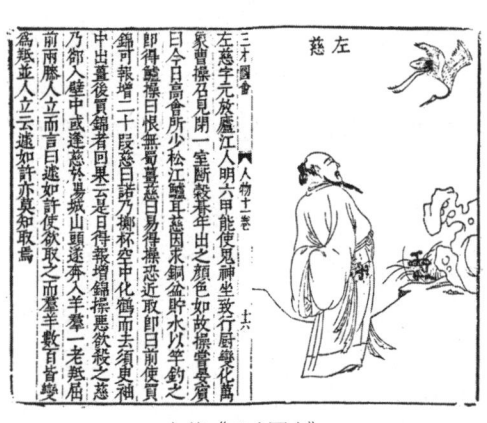

左慈 《三才圖會》

188
石(shi): 석

石 중국 80大姓의 하나. 420여만 명(현재 중국 전체 인구의 약 0.35%). 주로 四川, 甘肅, 山東, 河北 등지에 분포함.

원류

① 희성姬姓에서 기원

세 갈래로 나눌 수 있다.
첫째, 춘추시대 衛(姬姓) 康公의 8세손 공손작(公孫碏)의 자가 石이었으며 石碏으로 불렸다. 大義滅親으로 명예가 있었으며, 그 후손 駘仲이 조부의 자를 성씨로 삼았다.
둘째, 춘추시대 鄭(姬姓)나라 공자 豐의 아들 公孫段의 자가 子石이었다. 그 후손이 조상의 이름을 성씨로 삼은 것이다.
셋째, 춘추 말기 晉(姬姓) 頃公이 공족 양설힐(羊舌肹)을 楊(지금의 河北 寧晉縣)에 봉하여 楊氏가 출현하였다. 羊舌肹의 아들 楊食我의 자가 伯石이어서 楊石이라고도 불렸다. 그 후손이 조상의 자를 성씨로 삼은 것이다.

② 자성子姓에서 기원

춘추 말기 宋(子姓) 共公의 아들 公子 段의 자가 子石이었다. 그 후손이 조상의 자를 성씨로 삼은 것이다.

③ 외족의 개성

　十六國 때 張背督이 石會로 이름을 바꾸었으며, 冉閔은 石閔으로 바꾸었다. 그리고 北朝 後魏 鮮卑族 烏石蘭氏와 올석란씨(嗢石蘭氏) 등이 석씨로 개성하였고, 唐代 서역 '昭武九姓' 중의 하나인 石國 사람들이 중원으로 들어오면서 성을 석씨로 하였다. 그런가 하면 五代 後晉 高祖 石敬瑭은 沙陀部 사람으로써 太原石氏의 선조이다. 五代 前蜀 利州司馬를 지낸 石處溫은 페르시아 사람이었으며, 이는 萬州(지금의 重慶)石氏의 선조이다. 金나라 女眞族의 斡勒氏·石盞氏 등이 모두 석씨로 성을 바꾸었고, 청대 滿洲族 八旗의 瓜爾佳氏·倭赫氏·石佳氏·倭勒氏 등이 모두 혹은 일부가 석씨를 성으로 택하였다.

군망(郡望) : 武威·渤海郡.

역사상 주요 인물

【石申】전국 천문학자.
【石勒】十六國 後趙皇帝.
【石恪】오대말 화가.
【石崇】진대 갑부.
【石守信】북송초 대장.
【石介】북송 학자.
【石君寶】원대 희곡작가.
【石玉昆】청대 예술가.
【石達開】청말 太平天國 翼王.

189
崔(Cui): 최

> 崔 중국 80大姓의 하나. 340여만 명(현재 중국 전체 인구의 약 0.28%). 주로 山東과 東北 滿洲 지역에 널리 분포함.

원류

① 강성姜姓에서 기원

서주 초 齊(姜姓)나라 개국 군주 姜太公의 적장손 季子가 그 아우 叔乙에게 나라를 양보하고 崔邑(지금의 山東 鄒平縣 서북)을 채읍으로 가지고 있었다. 이에 그 자손들이 봉지 이름을 성시로 삼은 것이다. 한나라 이후 최씨 성이 河北에서 크게 융성하였고, 위진남북조 때는 淸河 崔氏와 博陵 崔氏가 양대 망족이 되었다. 唐代에 이르러 청하, 박릉 두 최씨는 무려 23명의 승상을 낳아 당시 "言貴姓者, 莫如崔盧李鄭王"이라는 속담이 생겨났다고 한다.

② 외족의 개성

唐代 新羅에 崔氏가 많았으며 이들이 중국으로 들어와 중국 최씨의 한 원류가 되었다. 한편 淸代 중기 이후 滿洲族 八旗 중 崔佳氏가 집단적으로 崔氏로 바꾸어 지금의 동북 지역 최씨는 거의 이들과 관련이 있다고 한다.

군망(郡望) : 淸河·博陵郡.

### 역사상 주요 인물

【崔寔】 동한 학자.
【崔駰】 동한 문학가.
【崔浩】 북조 後魏 대신.
【崔鴻】 북조 後魏 사학가.
【崔護·崔顥】 당대 시인.
【崔白】 북송 화가.
【崔敦時】 남송 학자.
【崔子忠】 명대 화가.
【崔述】 청대 학자.

## 190
## 吉(Jí): 길

> 吉 주로 山東, 江蘇, 黑龍江 등지에 분포함.

**원류**

① 길성姞姓에서 기원

黃帝의 후손 백숙(伯儵)이 南燕(지금의 河南 延津縣 동북)에 봉을 받아 姞姓을 하사받았다. 백숙의 지손 서손이 이에 '姞'자에서 '女'방을 제하고 성씨를 吉씨로 하였다.

② 고대 길국吉國에서 기원

商나라 때 吉國(지금의 山西 吉縣 일대)이 있었으며, 그 나라가 망하자 유민이 나라 이름을 성씨로 삼았다.

③ 혜성兮姓에서 기원

周 宣王 때 북방 험윤(獫狁, 匈奴의 전신)부락이 남쪽을 침략해 오자, 周나라 대신 尹吉甫(兮姓이며 이름은 甲, 자는 伯吉甫)가 왕명을 받들고 원정에 나서서 대승을 거두었다. 이에 그 지손 서손이 조상의 자를 성씨로 하여 吉氏가 생겨났다.

④ 외족의 개성

당대 西域 安息國 사람들이 中原에 들어와 정착하면서 우선 安氏를 성으로 하였으나 뒤에 원수를 피하여 성을 吉로 바꾸었다. 청대 靑海 西寧 토호 吉保의 후손이 역시 길씨를 성으로 하였다. 한편 海南의 瓊中·保亭·樂亭 세 현의 경계에 사는 72 峒黎族들은 본래 성씨가 없었으나 뒤에 大總官이 吉氏 성으로 하도록 통일하였다.

군망(郡望) : 馮翊郡.

역사상 주요 인물

【吉恪】동한 태수.
【吉朗】서진 御史.
【吉中孚】당대 시인.
【吉頊】당대 재상.
【吉昌】명대 御史.
【吉夢熊】청대 학자.

191
鈕(Niǔ): 뉴

鈕 주로 江蘇省 일대에 가장 많이 분포함.

### 원류

① 구체적으로 그 원류를 알 수 없으나, 대체로 江南 지역에서 기원한 성씨로 보고 있다. 남송 鄭樵의 《通志》氏族略에 東晋 시기 吳興(지금의 浙江 湖州市)에 鈕滔라는 사람이 있어 그가 이 성씨의 시조가 아닌가 한다.

② 청대 滿洲 八旗의 鈕祜祿氏와 鈕赫氏 등이 집단적으로 성씨를 첫 글자를 취하여 鈕氏로 개성하였다.

### 군망(郡望): 吳興郡.

### 역사상 주요 인물

【鈕約】송대 大理寺丞.
【鈕克讓】명대 宣慰使.
【鈕衍】명대 知府.

【鈕琇】청초 문학가.
【鈕樹玉】청대 명사.

## 192
## 龔(Gōng) : 공

> 龔共 중국 100大姓의 하나. 200여만 명(현재 중국 전체 인구의 약 0.17%). 주로 長江 유역에 집중적으로 분포함.

원류

① 共工氏에서 기원

고대 共工氏가 黃帝 때 대신이 되어 토목 공사를 담당하였다. 그 후손이 共씨를 성으로 삼았다. 뒤에 원수를 피하여 이 공씨는 두 갈래로 나뉘었다. 그 중 한 지파는 공공씨가 五行 중 水에 해당한다고 여겨 'ㅇ'를 더하여 '洪'씨가 되었고, 다른 한 지파는 공공씨의 아들 句龍이 黃帝의 土正(토지, 토목 공사 담당)이었음을 표시하기 위하여 '共'자 위에 '龍'자를 더하여 '龔'자를 만들어 성씨로 삼았다.

② 언성偃姓에서 기원

少昊 金天氏의 후손 고요(皐陶)가 舜임금 때 偃姓을 받았다. 고요의 후손이 商나라 때 阮·共(恭國이라고도 칭하며 지금의 甘肅 涇川縣 북쪽) 등 두 곳을 봉지로 받아 나라를 세웠다. 상말 이 나라가 周 文王에게 멸망하고 모두 주나라에 귀속되었다. 뒤에 다시 지금의 河南 輝縣에 봉해졌으나 얼마 뒤 衛나라에게 망하고 말았다. 두 共國이 멸망한 뒤 그 나라 사람들이 나라 이름을 성씨로 삼은 것이다. 한편 고대 共·恭·龔 세 글자는 통용하여 共성은 뒤에 龔성으로 표기를 바꾸었다.

③ 희성姬姓에서 기원

　세 갈래로 나눌 수 있다.
　첫째, 西周 厲王이 폭정을 일삼다가 사람들에게 쫓겨났다. 당시 주실 공족 姬和가 共(지금의 河南 輝縣)에 봉해져 있다가 추대를 받아 왕권을 대행하게 되었다. 14년 뒤 주 여왕의 태자 靜(姬靜)이 어른이 되자 姬和가 이를 세워 왕(周 宣王)으로 삼아 정권을 돌려 주었다. 그 뒤 희화의 후손들이 희화의 봉지였던 공 땅 이름을 성씨로 삼은 것이다.
　둘째, 춘추시대 晉(姬姓) 獻公의 태자 申生의 시호가 恭(共)이었다. 이에 그 후손들이 공을 성씨로 삼았다.
　셋째, 춘추시대 鄭(姬姓)나라 太叔段이 옛 共國으로 도망하여 共叔段이라 불렸다. 그 후손이 역시 '共'자를 성으로 삼았다. 한편 이들 姬姓共氏들은 뒤에 모두 표기를 '龔'자로 고쳤다.

④ 외성, 외족의 개성

　商周 시기 지금의 중경시 파남지구 일대에 恭國(共國)이 있었다. 그 후손이 秦漢 때 巴郡共蠻, 서한 시기 巴郡 板楯蠻 중의 7대성의 하나였던 龔氏는 바로 이 共蠻에서 나온 것이다. 한편 宋代 泉州 사람 翁乾度가 여섯 아들에게 翁, 洪, 龔, 方, 江, 汪 등 6개 성을 주었는데, 그 중 다섯째 아들 龔氏 성을 취하였으며 그 후손이 이를 이어가 오늘날 龔氏가 되었다.


군망(郡望) : 武陵郡.


역사상 주요 인물

【龔遂】 서한 渤海太守.
【龔茂良】 남송 명신.

【龔開】 원초 화가.
【龔鼎孶】 청초 문학가.
【龔賢】 청대 화가.
【龔自珍】 청대 학자, 시인.

## 193
### 程(Chéng): 정

> 程 중국 50大姓의 하나. 700여만 명(현재 중국 전체 인구의 약 0.57%). 주로 安徽, 河南, 湖北, 江西 등지에 분포함.

[원류]

① 풍성風姓에서 기원

　동이의 九黎族이 黃帝族 부락과 中原을 두고 다투다 실패하고, 黃帝의 손자인 顓頊 高陽氏 후손 祝融氏의 重·黎 두 형제에게 통치를 받았다. 원래 伏羲氏의 후예인 風姓의 일부가 구려족이 된 것이며, 程부락은 이 풍씨족에서 분파된 것이다. 이들이 夏나라 때 程國(지금의 河南 洛陽市 동쪽)을 세웠으나 商나라가 하나라를 멸할 때 함께 멸망당하고 말았다. 그리하여 그들이 畢郢(지금의 陝西 咸陽市 동쪽)으로 끌려갔다가 商末 程國은 周나라에게 병탄되고 말았다. 이에 그 자손이 나라 이름을 성씨로 삼은 것이다. 한편 서주 초 정나라 후손으로 伯符라는 자가 廣平(지금의 河北 澤鷄縣)을 봉지로 받았다가 뒤에 程(지금의 河南 洛陽市 동쪽)으로 봉지를 옮기게 되었다. 周 宣王 때 程伯 휴보(休父)가 주나라 大司馬가 되자, 그 부족이 서쪽 程邑(지금의 陝西 咸陽市 동쪽)으로 옮겼다. 이 지파의 정씨가 지금 정씨의 주된 姓源이다.

② 희성姬姓에서 기원

　서주 초 周 文王의 막내아들이 荀國(邺國)을 봉지로 받았으나, 뒤에 晉나라에게 망하고 말았다. 그 후손 荀驩이 진나라 대부가 되어 程(고대 정국이 있던 곳) 땅을 채읍으로 받았다. 뒤에 권력 투쟁에 밀려 정읍을 빼앗기자, 그 족인이 봉읍을 성씨로 삼은 것이다.

### ③ 외족의 개성

서주 때 정백 휴보(休父)가 서쪽으로 이동하자, 한 지파가 남쪽 지금의 貴州까지 이동하여 그곳에서 번성하였다. 그 뒤 이 정씨는 그곳 토착민과 장기간 혼거하여 布衣族의 선민이 되었다. 한편 淸代 滿洲族 八旗의 成佳氏가 집단적으로 程氏 성을 택하였다.

군망(郡望) : 安定・廣平郡.

역사상 주요 인물

【程嬰】 춘추 晉나라 義士.
【程邈】 晉나라 학자.
【程不識】 서한 명장.
【程普】 삼국 東吳 명장.
【程咬金】 당초 대장.
【程顥・程頤】 형제 모두 북송 理學家.
【程大昌】 남송 학자.
【程嘉燧】 명대 시인, 화가.

程顥(明道) 《三才圖會》

程頤 《三才圖會》

194
嵇(Jī): 혜

嵇 주로 江西, 江蘇 등지에 분포함.

### 원류

① 인명에서 기원

黃帝 軒轅氏의 신하로 太山稽라는 자가 있었다. 그 후손이 稽를 성씨로 삼았다가 嵇씨로 바꾼 것이다.

② 사성姒姓에서 기원

夏王 少康이 그 서자 無餘를 會稽(지금의 浙江 紹興市)에 봉하여 大禹廟의 제사를 담당하도록 하면서 會稽氏라 하였다. 西漢 초 이들이 譙郡 嵇山(지금의 安徽 亳州市)로 이주하면서 성을 '嵇'로 바꾸었다. 그 외에 무여의 지손 서손이 지명 '稽'를 성씨로 하였다가, 음이 비슷한 '奚'를 성씨로 한 부류도 있으며, 이들이 서한 초 회계로부터 역시 초군 혜산으로 이주하면서 '稽'자를 고쳐 '嵇'로 하였다. 삼국시대 竹林七賢의 하나인 嵇康은 그 본성이 奚氏였다.

③ 외족의 개성

北朝 後魏 鮮卑族의 統稽氏와 紇奚氏 등이 '嵇'자를 써서 中原에 살면서 漢化되었다.

군망(郡望) : 譙郡・河南郡.

### 역사상 주요 인물

【嵇康】삼국 魏 문학가.
【嵇紹】서진 侍中.
【嵇穎】북송 翰林學士.
【嵇元夫】명대 시인.
【嵇曾筠】청대 文華殿大學士.

혜강(嵇康) 죽림칠현 江蘇 南京 西善橋 宮山墓 벽화

## 195
## 邢(Xíng): 형

> 邢  주로 河北, 河南 등지에 분포함.

**원류**

① 희성姬姓에서 기원

  서주 초 周公 旦(姬旦)의 넷째 아들이 邢(지금의 河北 邢臺市)에 봉해졌다. 춘추시대 이 邢나라가 衛나라에게 멸망하자, 그 후손들이 나라 이름을 성씨로 삼은 것이다.

② 한씨韓氏에서 기원

  춘추시대 晉나라 六卿 중 韓宣子 일족이 邢丘(지금의 河南 溫縣 동쪽)를 봉으로 받아 그 후손들이 지명을 성씨로 삼은 것이다.

**군망(郡望)**: 河間郡.

[역사상 주요 인물]

【邢顒】삼국 魏 尙書僕射.
【邢峙】북조 齊 학자.
【邢昺】북송 학자.
【邢侗】명대 서화가.
【邢玠】명대 상서.

196
滑(Huá): 활

주로 廣東 등지에 분포함.

원류

① 희성(姬姓)에서 유래되었다. 西周 초 周 武王이 同姓의 공신 중 하나를 滑邑(지금의 河南 睢縣 서북)에 봉하여 滑伯이라 불렀다. 뒤에 費邑(지금의 河南 偃師市 서남 緱氏鎭)으로 옮겼으며 춘추시대 晉나라에게 멸망하자, 그 자손들이 나라 이름을 성으로 삼은 것이다.

군망(郡望): 下邳·京兆郡.

역사상 주요 인물

【滑言】오대 良吏.
【滑恭】명대 知縣.
【滑壽】명대 명의.

## 197
## 裴(Péi): 배

 주로 山西, 河北, 山東 등지에 분포함.

[원류]

① 영성嬴姓에서 기원

　서주 시기 秦나라 先公 非子의 지손 서자가 裴鄕(지금의 山西 聞喜縣 裴城)을 봉지로 받았다. 이에 그 후손이 읍 이름을 성씨로 삼은 것이다. 그 후예 裴陵이 周 僖汪 때 晉나라에 들어가 관리가 되어 解邑(지금의 山西 臨猗縣 서남)을 봉으로 받았다. 그곳에서 크게 번성하여 천하에 널리 알려진 河東 望族이 되었다.

② 高陽氏에서 기원

　춘추시대 晉 平公이 고대 顓頊 高陽氏의 후손 '針'을 찾아 裴中(지금의 陝西 岐縣)에 봉하여 裴君이라 불렀다. 그 자손이 역시 읍 이름을 성으로 삼았으며 이는 배씨의 다른 姓源이다.

③ 외족의 개성

　漢代 西域 疏勒國 임금이 裴氏였으며, 그 후대가 唐代까지 그곳의 望族으로 알려져 있었다. 청대 만주족 팔기의 培佳氏가 역시 배씨로 성을

삼았다.

④ 한국 배씨裵氏와 표기차이

한국에서는 배씨성을 '裵'자로 표기하여 중국 표기와는 다르다.

군망(郡望) : 河東郡.

역사상 주요 인물

【裴益】동한 侍中.
【裴秀】서진 司空, 學者.
【裴松之】남조 宋 사학자.
【裴果】북조 周 驃騎大將軍.
【裴度】당대 명상.
【裴承祖】명대 江西按察使.

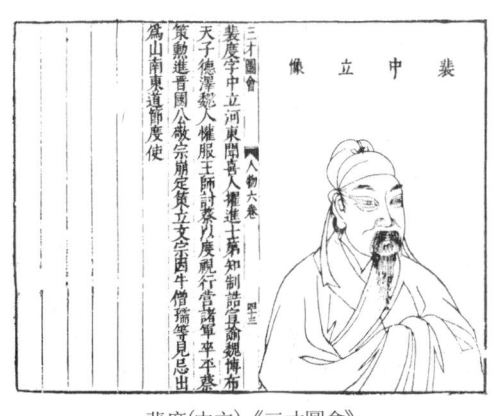

裴度(中立)《三才圖會》

198
陸(Lù): 륙

陸 중국 80大姓의 하나. 370여만 명(현재 중국 전체 인구의 약 0.31%). 주로 江蘇, 浙江, 廣東, 廣西 지역에 분포함.

(원류)

① 高陽氏에서 기원

고대 顓頊 高陽氏의 후손 吳回가 高辛氏 시대 火正이 되었으며, 그 아들이 바로 陸終이었다. 夏나라 때 육종의 씨족이 지금의 陝西로부터 山西 平陸 일대로 이주하였으며, 그 중 한 지파가 다시 동쪽으로 더 이동하여 大陸(지금의 河南 獲嘉縣)으로 옮겼다. 商이 夏를 멸하자, 육종씨는 더욱 동쪽으로 밀려 지금의 山東 汶上 북쪽 東平陸까지 이동하였으며, 그 중 한 지파가 동평륙에서 다시 북쪽 陸鄕(지금의 山東 陵縣)까지 옮겨갔다. 周 武王이 商(殷)을 멸하고 나서 이 陸國 역시 魯나라에게 망하자, 그 족인이 나라 이름을 성씨로 삼게 된 것이다.

② 윤성允姓에서 기원

서주 말 서쪽 允姓의 戎人의 한 지파가 陸終氏의 원래 거주지였던 陝西 秦嶺 북쪽 駱谷으로 들어왔다. 육종씨의 장자 이름이 昆吾였으므로 이곳에 온 융인을 陸昆이라 불렀다가 음이 변하여 陸渾이 되었으며, 역사에서는 이를 陸渾戎이라 불렀다. 춘추 초 이 육혼융의 한 지파가 동쪽 지금의 河南

嵩縣 동북 伏流城에 陸渾國을 설립하였다. 뒤에 이 나라가 晉나라에게 망하자, 그 자손이 나라 이름을 성씨로 삼은 것이며 육씨의 또 다른 姓源이 되었다.

③ 규성嬀姓에서 기원

전국시대 齊 宣王이 막내아들 田通을 옛 陸終氏의 구지였던 陸鄕에 봉하여 그 후손이 읍 이름을 성씨로 삼았다.

④ 외족의 개성

秦漢시대 廣西 古城 駱越에 陸梁이라는 지명이 있었으며, 그곳 사람들이 뒤에 지명을 성씨로 삼았다. 이들이 지금의 僮族, 布依族, 黎族 등의 육씨의 성원이 되었으며, 오늘날 광서, 광동의 육씨들의 주류이다. 북조 後魏 鮮卑族의 步六弧氏(步陸孤氏) 역시 육씨를 성으로 하였으며, 元 太祖 칭기즈칸의 넷째 아들 타뢰(托雷)의 여섯째 아들 아리부카(阿里不哥)의 후손이 원말에 화를 피하여 이름을 숨기고 지금의 湖北 洪湖에 숨어 살면서 조상이 여섯째(六)라는 데에 근거하여 성을 陸씨로 하였다.

군망(郡望) : 平原・吳郡・河南郡.

역사상 주요 인물

【陸賈】 서한초 학자.
【陸遜】 삼국 東吳 명장.
【陸機・陸雲】 형제 모두 西晉 문학가.
【陸探微】 남조 宋 화가.

【陸淳】당대 학자.
【陸羽】당대 학자, 茶聖.
【陸贄】당대 재상.
【陸龜蒙】당말 문학가.
【陸游】송대 시인.
【陸九淵】남송 이학가.
【陸秀夫】송말 명신.
【陸治】명대 화가.
【陸世儀】청초 학자.
【陸隴其】청대 학자.
【陸懋修】청대 명의.
【陸心源】청말 장서가.

陸德明《三才圖會》

## 199
## 榮(Róng): 영

 주로 吉林, 江蘇 등지에 분포함.

### 원류

① 고대 영국榮國에서 기원

고대 황제의 신하 榮猨(榮將)이 종 12개를 주조하여 五音에 맞추었다. 그 공으로 榮(지금의 河南 鞏義市 서쪽) 땅을 받아 榮國을 세웠다. 그 후손이 조상의 이름을 취하여 榮씨라 하였다.

② 지명에서 기원

서주 초 周 文王의 대부 夷公이 榮邑에 봉을 받아 榮夷公이라 하였다. 그 후손이 그 땅 이름을 성씨로 삼은 것이다. 한편 周 成王 때 卿으로써 역시 榮邑을 봉지로 받아 榮伯이라 불렸는데, 그 후손이 역시 봉지 이름을 성씨로 삼은것이다.

③ 희성姬姓에서 기원

춘추시대 魯(姬姓) 宣公의 아우 叔肸의 손자 榮이 있었으며, 그 후손이 조상의 이름을 성씨로 삼은 것이다.

군망(郡望): 上谷郡.

역사상 주요 인물

【榮啓期】 춘추 魯 학자, 은사.
【榮廣】 서한 명사.
【榮建緖】 북조 齊 자사.
【榮華】 명대 御史.

〈榮啓期問答孔夫子〉《列子》 내용을 형상화한 銅鏡

## 200
## 翁(Wēng): 옹

 주로 四川, 河南, 浙江, 臺灣 등지에 분포함.

### 원류

① 사성姒姓에서 기원

고대 夏(姒姓)나라 귀족으로 翁難乙이 있었다. 그 후손들이 翁자를 성씨로 삼은 것이다.

② 희성姬姓에서 기원

周 昭王의 지손 서손으로 翁山(지금의 浙江 舟山市 동북, 혹 廣東 翁源縣 동쪽 이라고도 함)을 봉지로 받아, 그 후손이 산 이름을 성씨로 삼게 된 것이다. 일설에는 周 昭王의 막내아들이 막 태어났을 때 두 손바닥에 각각 '公'자와 '羽'의 문양이 있어 이름을 '翁'이라 하였으며, 그 자손이 조상 이름을 성씨로 삼은 것이라고도 한다.

군망(郡望): 臨川郡.

[역사상 주요 인물]

【翁義】당대 比部郎中.
【翁卷】남송 시인.
【翁萬達】명대 兵部尙書.
【翁方綱】청대 서예가, 문학가.
【翁同龢】청말 軍機大臣.

## 201
## 荀(Xún): 순

 주로 河北, 河南 등지에 집성촌을 이루고 있음.

### 원류

① 軒轅氏에서 기원

고대 황제 헌원씨의 25명 아들 중에 '荀'자를 성씨로 얻은 자가 있었다.

② 희성姬姓에서 기원

두 갈래로 나눌 수 있으며, 그 하나는 서주 초 周 武王(姬發)이 17번째 아우를 郇(지금의 山西 臨猗縣)에 봉하여 郇伯이라 불렀는데 춘추에 이르러 이 나라가 晉나라에 망하자, 그 자손이 나라 이름에서 'ß'자를 제하고 다시 위에 '艹'를 붙여 성씨로 삼았다. 두 번째는 춘추시대 晉나라가 郇을 멸한 뒤 공족 대부 隰叔을 荀邑(지금의 山西 新絳縣 서남)에 봉하여 荀侯라 불렀는데, 그 자손이 그 봉지의 지명을 성으로 삼은 것이다.

군망(郡望) : 河南·河內郡.

> 역사상 주요 인물

【荀況】荀子, 전국 사상가.
【荀悅】동한 사학가.
【荀爽】동한 학자.
【荀彧·荀攸】동한말 曹操의 모신.
【荀勗】서진 학자.
【荀朗】남조 陳 명신.
【荀仲擧】북조 齊 시인.

荀子 (B.C. 313~238)

## 202
## 羊(Yáng): 양

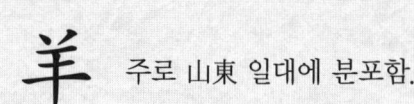
주로 山東 일대에 분포함.

### 원류

① 관직 이름에서 기원

周나라 관직으로 羊人이 있어 양을 키우고 관리하는 업무를 맡았었다. 그 후손이 이를 성으로 삼은 것이다.

② 희성姬姓에서 기원

춘추시대 晋(姬姓) 靖侯의 아들 公子 伯僑의 손자 突이 있었다. 晋 獻公 때 大夫가 되어 羊舌邑(지금의 山西 洪洞縣)에 봉해져 그 후손이 羊舌氏로 성을 삼았다. 그러다가 춘추 말에 이르러 양설씨가 진나라 六卿에게 망하자, 그 자손이 다른 나라로 도망하여 '舌'자를 제외하고 성씨를 삼게 되었다.

군망(郡望): 泰山・京兆郡.

### 역사상 주요 인물

【羊續】 동한 太常.
【羊祜】 서진 명신.
【羊欣】 남조 송 서예가.
【羊祉】 북조 後魏 光祿大夫.
【羊侃】 남조 梁 侍中.
【羊滔】 당대 시인.

## 203
## 於(Yú): 어(오)

 주로 江蘇, 浙江 등지에 분포함.

원류

① 지명에서 기원

황제의 신하 오칙(於則)이 처음 신발을 발명한 공로로 於(지금의 河南 內鄕縣)에 봉해져, 그 후손이 지명을 성씨로 삼은 것이다. 한편 주나라 때 小國으로 於丘라는 나라가 있었다. 나라가 망하고 그 유족이 나라 이름을 성으로 삼아 於氏로 하였다.

② 軒轅氏에서 기원

黃帝 軒轅氏의 후손으로 상오(商於. 지금의 河南 淅川縣)에 봉해진 자가 있어 그 후손들이 읍 이름을 성으로 삼았다.

③ 이 '於'자는 혹 우리 음으로 '오'로 읽는다.

군망(郡望) : 京兆·黎陽郡.

역사상 주요 인물

【於淸言】남송 화가.
【於仲完】명초 永新知縣.
【於竹屋】명대 화가.
【於敖】명대 山西左參政.

## 204
## 惠(Hui): 혜

 주로 섬서, 산서 등지에 분포함.

**원류**

① 고양씨高陽氏에서 기원

고대 顓頊 高陽氏의 후손으로 陸終에게는 여섯 아들이 있었으며, 그 중 둘째인 惠連이 있었다. 그의 후손이 조상의 이름 첫 자를 취하여 성씨로 삼았다.

② 희성姬姓에서 기원

周나라 惠王 姬閬의 시호가 '惠'였다. 그 지손의 후손들이 조상 왕의 시호를 취하여 성씨로 삼은 것이다.

**군망(郡望)** : 扶風·琅琊郡.

### 역사상 주요 인물

【惠施】 전국 魏 재상.
【惠直】 북송 太常博士.
【惠希孟】 원대 학자.
【惠士奇·惠棟】 청대 학자.

## 205
## 甄(zhēn): 견

 주로 하북 일대에 집중적으로 분포함.

원류

① 규성嬀姓에서 기원

순이 일찍이 황하 가에서 도기를 구울 때 사람들이 그를 甄工이라 칭하였다. 그 자손 서손이 그 업을 이어가면서 甄을 성씨로 삼은 것이다.

② 金天氏에서 기원

少昊 金天氏의 후예 고요(皐陶)의 둘째 아들 이름이 仲甄이었으며, 夏나라 때 경이 되어 鄄(지금의 山東 鄄城縣)을 봉지로 받아 그 자손이 이를 성씨로 삼았다. 고대 '鄄'과 '甄'은 통용자였다.

③ 외족의 개성

北朝 後魏 鮮卑族의 郁原甄氏가 中原에 들어와 漢化하면서 甄을 성씨로 하였다.

군망(郡望) : 中山郡.

역사상 주요 인물

【甄宇】 동한 太子少傅.
【甄琛】 북조 後魏 시중.
【甄鸞】 북조 周 학자.
【甄立言】 당대 명의.
【甄庸】 명대 兵部尙書.

## 206
### 麴(Qū): 국

원류

① 관직 명칭에서 기원

주나라 때 술(누룩) 빚는 일을 관장하는 釀酒之官을 두어 이를 麴人이라 하였다. 그 후손들이 이를 성으로 삼은 것이다.

② 외성의 개성

漢代 鞠譚의 아들 鞠閟이 당시 조정을 혼란을 피하고자 성씨를 같은 발음인 '麴'으로 바꾸었다.

군망(郡望) : 汝南·吳興郡.

### 역사상 주요 인물

【麴允】동진 尙書左僕射.
【麴珍】북조 齊 安康君王.
【麴伯雅】수조 高昌國王.
【麴瞻】당대 시인.
【麴信陵】당대 望江縣令.

## 207
## 家(Jiā): 가

 주로 四川, 上海 일대에 집중적으로 분포함.

### 원류

① 희성姬姓에서 기원

두 갈래로 나눌 수 있으며 첫째는 周 孝王의 아들 가보(家父)가 幽王이 즉위하자 실망하여, 주색에 빠져 조정에 협조를 거부하면서 〈節南山〉이라는 시를 지어 풍자하였다. 그 자손의 조상의 충정을 기려 이름을 성씨로 삼은 것이다. 다른 하나는 춘추시대 魯(姬姓) 莊公 손자의 이름이 駒, 자가 子家였다. 그 후손이 조상의 자를 성씨로 삼은 것이다.

② 외성의 개성

周나라 때 晉나라 대부로써 이름이 家僕徒라는 자가 있었다. 그 자손이 家僕으로 성씨를 삼았다가 뒤에 僕자를 제외하고 家자를 써서 성씨로 삼았다.

군망(郡望) : 京兆郡.

역사상 주요 인물

【家帥亮】 낭대 효자.
【家定國】 북송 司法參軍.
【家勤國】 북송 학자.
【家大酉】 남송 학자.
【家鉉翁】 남송말 대신.

208
封(Fēng): 봉

封 주로 山西, 四川 등지에 분포함.

[원류]

① 강성姜姓에서 기원

夏나라 때 炎帝 神農氏의 후예로써 봉보(封父, 지금의 河南 封丘縣 封父亭)에 봉을 받은 자가 있었는데 주나라 때 망하고 말았다. 그 후손이 읍 이름을 따서 封父氏로 하였다가 뒤에 封氏로 줄인 것이다.

② 외족의 개성

北朝 後魏 鮮卑族의 是賁氏가 중원으로 들어와 성을 封氏로 하였다.

[군망(郡望)] : 渤海郡.

역사상 주요 인물

【封衡】 삼국 魏 도사.
【封延伯】 남조 齊 梁郡太守.
【封隆之】 북조 後魏 吏部尙書.
【封敖】 당대 尙書右僕射.

## 209
## 芮(Rui): 예

 주로 冀(河北)과 滬(上海) 등지에 분포함.

### 원류

⓪ 희성(姬姓)에서 기원하였다. 西周 초 周 武王이 同姓의 공신 중 하나를 芮(지금의 山西 芮城縣)에 봉하여 芮伯이라 불렀다. 춘추시대 이 나라가 晉 나라에 병탄되자 그 자손들이 나라 이름을 성으로 삼은 것이다.

### 군망(郡望) : 扶風・平原郡.

### 역사상 주요 인물

【芮良夫】周 卿士.
【芮强】동한 鉅鹿太守.
【芮挺章】당대 太學生.
【芮及言】남송 知縣.
【芮麟】명대 知府.

## 210
## 羿(Yi): 예

羿 주로 河北 등지에 집중적으로 분포함.

**원류**

◎ 유궁씨(有窮氏)에서 유래되었다. 夏나라 때 有窮氏의 수령 后羿는 유명한 射手로써 반란을 일으켜 하나라 왕 太康을 내쫓았으나, 수렵에 탐닉하다가 뒤에 그 家臣 寒浞에게 살해되고 말았다. 그 후손들이 예씨를 성으로 삼은 것이다.

**군망(郡望)** : 濟陽·齊郡.

**역사상 주요 인물**

【羿忠】명대 良吏.

## 211
儲(Chǔ): 저

儲　주로 安徽, 江蘇 등지에 집중적으로 분포함.

[원류]

① 고대 儲나라에서 기원

고대 儲國(지금의 江西 贛縣 북쪽)이 있었다. 그 후손이 나라 이름을 성씨로 삼은 것이다.

② 강성姜姓에서 기원

춘추시대 齊(姜姓)나라 대부 儲子의 후손이 조상의 이름을 취하여 성씨로 삼게 된 것이다.

[군망(郡望)] : 河東郡.

### 역사상 주요 인물

【儲夏】 한대 良吏.
【儲光羲】 당대 시인.
【儲用】 남송 知縣.
【儲福】 명초 명사.
【儲巏】 명대 吏部侍郞.

## 212
## 靳(Jin): 근

 주로 하남, 하북에 집중적으로 분포함.

원류

① 미성羋姓에서 기원

전국 초 楚(羋姓) 懷王의 신하 尙이 靳(지금의 湖南 寧鄕縣 남쪽) 땅에 봉을 받아 靳尙이라 불렀다. 뒤에 총애를 잃고 피살되자 그 후손들이 그 봉지를 성씨로 삼았다.

② 외족의 개성

五胡十六國 때 匈奴의 屠各部에 靳姓이 있었으며 이는 다른 연원이다.

군망(郡望): 西河郡.

### 역사상 주요 인물

【斬歚】 서한초 信武侯.
【斬準】 十六國 漢 대장.
【斬東發】 남송 화가.
【斬學顔】 명대 吏部侍郎.
【斬輔】 청대 학자.

## 213
汲(Jī): 급

 주로 陝西 등지에 분포함.

[원류]

① 희성姬姓에서 기원

춘추 전기 衛(姬姓) 宣公의 태자가 汲(지금의 河南 衛輝市)에 거하여 太子汲이라 불렀다. 그 지손의 서자 자손이 그 읍을 성씨로 삼은 것이다.

② 강성姜姓에서 기원

춘추 후기 齊(姜姓)나라 宣公의 지손 서자 후예 중의 하나가 급 땅에 봉해져 그 후대가 그 읍 이름을 성을 삼았다.

[군망(郡望)] : 淸河·濮陽郡.

역사상 주요 인물

【汲黯】서한 명신.
【汲固】북조 後魏 兗州從事.

## 214
## 邴(Bing): 병

邴  주로 山西, 山東, 河北, 內蒙古 등지에 분포함.

### 원류

① 희성姬姓에서 기원

춘추시대 晉(姬姓)나라 공족 대부 豫가 邴邑을 식읍으로 받아 邴豫라 불렸다. 그 후손이 봉지의 이름을 성씨로 한 것이다.

② 강성姜姓에서 기원

춘추시대 齊(姜姓)나라 공족 대부 茂가 邴(지금의 山東 費縣)에 봉해져 邴茂라 불렸다. 그 후손이 역시 봉지의 지명을 성씨로 삼은 것이다.

③ 외성의 개성

漢 武帝(劉徹) 때 장수 李陵이 匈奴에게 패하자 그 후예가 남북조 때 後魏에 귀순하였다. 魏나라 황제가 이들을 丙殿에서 접견하여 '丙'을 성으로 하사하였다. 그 뒤 이들이 'ß'자를 더하여 성씨로 표기한 것이다.

군망(郡望) : 平陽·魯郡.

역사상 주요 인물

【邴漢】서한 京兆尹.
【邴原】동한 명사.
【邴吉】동한 학자.
【邴郁】동진 명사.
【邴輔】十六國 後趙 장군.

## 215
## 羋(Mí): 미

 주로 江蘇, 浙江 일대에 집성촌을 이루고 있음.

> 원류

### ① 사성姒姓에서 기원

'羋'는 '靡'와 같은 글자이며, 고대 곡식 작물 이름이었다. 夏(姒姓)나라 때 동성의 제후로 이 미를 심어 농사를 짓는 사가 있었다. 그 후손이 이에 羋자를 성씨로 삼은 것이다. 《周書》世俘篇에 周 武王이 "靡(羋)와 陳을 정벌하였다"하여 靡(羋)라는 소국이 있었으며, 이것이 夏나라로부터 이어온 羋國이 아닌가 한다.

### ② 미성羋姓과 미성羋姓의 기원

羋姓과 羋姓은 전혀 다른 두 성씨이다. 羋姓은 芈姓(楚)에서 유래되었으며 전국시대 초나라 공족 대부가 南郡(지금의 湖北 荊州市) 羋亭에 봉을 받은 자로부터 시작되었다. 이 羋姓의 郡望은 東海郡이다.

군망(郡望) : 汝南郡.

역사상 주요 인물

【樂信】삼국 魏 樂牛太守, 학자.

## 216
松(sōng): 송

### 원류

⓪ 나무 이름, 즉 소나무를 성씨로 삼은 것이다. 秦나라 때 秦始皇이 泰山에 올라 封禪을 행할 때 갑자기 소나기가 내려 큰 소나무 아래에서 비를 피하고는 그 소나무를 '五大夫松'이라 명하면서 봉하였다. 이에 당시 수종하던 대신 중 하나가 이 소나무의 '松'자를 성씨로 삼았다고 한다.

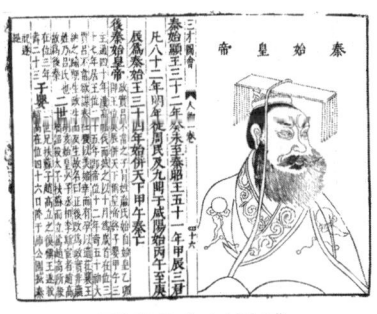

秦始皇帝《三才圖會》

### 군망(郡望): 東莞郡.

### 역사상 주요 인물

【松贇】 수조 명사.
【松晃】 명대 長蘆鹽官.

## 217
## 井(Jǐng): 정

井 주로 遼寧, 陝西 등지에 분포함.

원류

ⓞ 강성(姜姓)에서 유래되었다. 炎帝(姜姓) 神農氏의 후손으로 姜子牙(呂尙, 姜太公)는 주 무왕을 도와 은을 멸한 공로로 제나라에 봉을 받아 개국 군주가 되었다. 춘추시대 그 후손 중에 虞나라에 가서 벼슬한 자가 있어 井邑에 봉을 받아 대대로 井伯으로 칭해졌다. 그 후손들이 그 봉읍을 성씨로 삼은 것이다.

군망(郡望) : 扶風郡.

역사상 주요 인물

【井丹】 동한 太學生.
【井綱】 송대 관리.
【井田】 명대 給事中.

## 218
## 段(Duàn): 단

> 段 중국 100大姓의 하나. 280여만 명(현재 중국 전체 인구의 약 0.23%). 주로 四川, 雲南, 山西, 河北 등지에 분포함.

### 원류

① 희성姬姓에서 기원

周 宣王이 아우 姬友를 南鄭(지금의 陝西 華縣 동쪽)에 봉하여 鄭桓公이라 불렀다. 그 환공의 손자가 莊公이었고, 이 장공의 아우 叔段이 처음 京(지금의 河南 榮陽市)에 봉해져 太叔段이라 불렸다. 뒤에 태숙단이 모반을 꾀하다가 실패하여 共邑(지금의 河南 衛輝市)으로 도망하여 共叔段이라 불렸다. 이 공숙단이 죽은 뒤 그 아들 共仲의 지손 서손이 조상의 이름을 취하여 성으로 삼아 共氏와 段氏 두 성이 생겼다. 그 때문에 역사에는 흔히 "段共一家"라는 말이 전해지고 있다.

② 강성姜姓에서 기원

夏나라 때 顓頊 高陽氏의 후예로써 大理의 관직에 오른 자가 있어 理氏라 하였다. 商나라 말 이 理氏의 후손 理利貞이 난을 피하여 성을 李氏로 바꾸었다. 춘추시대 老子(李耳)는 바로 이 理利貞이 후손이다. 李耳의 후손 李宗이 노나라 대부가 되어 段(지금의 山東 濟南市 동쪽 歷城)에 봉해졌다가 뒤에 干(지금의 山東 冠縣 북쪽)을 식읍으로 받아 그 후손들이 성을 두 지명을 합하여 段干氏라 하였다. 그 뒤 전국시대 段干木의 아들 段隱이 성을 줄여 段씨라 하였으며 후손들이 이를 그대로 이어갔다.

③ 외족의 개성

秦漢 시기 희성의 단씨 한 지파가 북쪽 遼西 지역으로 옮겨 鮮卑族와 융합, 段部를 형성하였다. 兩晉南北朝 시대 이 단부가 선비족을 따라 남하하여 中原으로 들어왔다가 隋唐 때 한족에 융합되었다. 한편 甘肅 武威에 살던 한 지파의 단씨는 남행을 계속하여 지금의 雲南 大理로 들어가 五代 때 大理國을 건설하였으며, 그 후손이 일부를 제외하고 모두 오늘날의 白族이 되었고, 그 나머지는 한족에 융합되었다.

군망(郡望) : 扶風·武威郡.

역사상 주요 인물

【段會宗】 서한 명장.
【段熲】 동한 명장.
【段業】 십륙국 涼王.
【段文昌】 당대 재상.
【段成式】 당대 문학가,《酉陽雜俎》찬술.
【段克己·段成己】 금대 문학가.
【段玉裁】 청대 문자학자.

## 219
## 富(Fù): 부

富 주로 吉林 일대에 분포함.

[원류]

① 희성姬姓에서 기원

춘추시대 周나라 동성 대부로 富辰이 있었으며, 그 지손 서손이 조상의 이름을 성씨로 삼은 것이다.

② 강성姜姓에서 기원

춘추시대 炎帝 神農氏(姜姓)의 후손으로 부보종생(富父終甥)과 부보괴(富父槐)라는 자가 魯나라 대부였다. 그 자손이 조상의 이름을 취하여 富父氏와 富氏로 하였다가 뒤에 富父氏 역시 富氏로 줄여 표기하게 된 것이다.

[군망(郡望)] : 陳留·齊郡.

### 역사상 주요 인물

【富宗】 동한 陳留太守.
【富嘉謨】 당대 문학가.
【富玫】 오대 화가.
【富弼】 북송 재상.
【富恕】 원대 화가.
【富德庸】 원대 학자.

## 220
## 巫(Wū): 무

巫  주로 粤(廣東), 川(四川), 贛(江西) 지역에 분포함.

### 원류

◎ 고대 관직 명칭에서 유래되었다. 고대 관직으로 武人, 武祝, 武臣 등의 명칭이 있어 주로 祝禱와 占卜, 그리고 굿, 醫術, 樂舞 등에 관한 일을 보았다. 黃帝 때 유명한 의사 巫彭, 商나라 때 大臣 巫咸(巫戌)과 巫賢 등이 이들이다. 그 후손이 이를 성씨로 삼은 것이다.

### 군망(郡望): 平陽郡.

### 역사상 주요 인물

【巫臣】 춘추 楚 신하.
【巫都】 서한 학자.
【巫捷】 동한 冀州刺史.
【巫凱】 명대 장수.
【巫子肖】 명대 知縣.

## 221
## 烏(wū): 오

 주로 四川, 陝西 등지에 분포함.

(원류)

① 金天氏에서 기원

少昊 金天氏는 東夷 부락의 영수로써 새 이름으로 관직명을 삼았다. 그 중에 烏鳥氏가 있어 산과 구릉을 담당하는 직책을 맡았다. 그 후손이 이에 烏자를 성씨로 삼았다.

② 사성姒姓에서 기원

춘추시대 월왕 구천의 후손이 烏程(지금의 浙江 湖州市)에 봉을 받아 그 후손이 봉지를 성씨로 삼았다.

③ 외족의 개성

先秦시대 隴西의 西戎에 烏氏國이 있었으며, 秦나라에 망하자 그 유민이 나라 이름을 성으로 하였다. 그밖에 北朝 後魏 때 이민족으로 烏石蘭氏가 있었으며 이들 중 일부는 石氏로, 일부는 烏氏로 성을 바꾸었다. 한편 당시 북방에 安定國이라는 소국이 있어, 그 왕족이 烏氏였으며 이는 烏姓의 다른 원류이다.

군망(郡望) : 潁川・汝南郡.

### 역사상 주요 인물

【烏存】춘추 莒 대부.
【烏重胤】당대 節度使.
【烏承玼】당대 명장.
【烏斯道】원대 시인.
【烏本良】명대 학자.

## 222
## 焦(Jiāo): 초

> 焦  주로 江西 일대에 집중적으로 분포함.

**원류**

① 강성姜姓에서 기원

서주 초 周 武王이 炎帝 神農氏의 후손을 焦(지금의 河南 陝縣 동북 焦城)에 봉하여 그 후손이 나라 이름을 성씨로 삼은 것이다.

② 희성姬姓에서 기원

서주시대 周 康王의 아들 文이 옛 焦國에 봉을 받아 춘추 때 晉나라에게 망하고 말았다. 그 족인이 북쪽 平陽(지금의 山西 臨汾市)로 옮겨 살면서 옛 고국의 이름을 성씨로 삼은 것이다.

**군망(郡望)**: 中山郡.

### 역사상 주요 인물

【焦延壽】서한 학자.
【焦錫】남송 화가.
【焦炳炎】남송말 知州.
【焦竑】명대 학자, 장원.
【焦循】청대 학자.

## 223
## 巴(Bā): 파

 四川省 지역에 주로 분포함.

[원류]

⓪ 고대 파국(巴國)에서 유래되었다. 서주 초 周 武王이 고대 黃帝의 후손을 찾아 巴(지금의 重慶市)에 봉하여 巴子國(子는 公侯伯子男의 작위)을 세워 주었다. 전국시대 이 나라가 秦나라에 병탄되자, 그 후손과 유민이 나라 이름을 성으로 삼은 것이다.

[군망(郡望)] : 高平郡.

[역사상 주요 인물]

【巴蔓子】 전국 巴 장군.
【巴肅】 동한 명사.
【巴思明】 명대 兵科給事中.
【巴慰祖】 청대 서화가.

## 224
## 弓(Gōng): 궁

> 弓  주로 北京, 河北, 四川, 陝西 등지에 취락을 이루고 있음.

[원류]

① 軒轅氏에서 기원

고대 黃帝 軒轅씨의 아들 揮가 弧矢를 처음 제조하여 그 공로로 張邑에 봉해졌다. 이에 그 후손이 弓氏와 張氏로 성을 삼았다. 한편 그 뒤 弓箭의 제조를 맡은 관직을 弓正이라 하였는데, 이 직업의 후손이 역시 弓氏를 성으로 삼게 되었다.

② 희성姬姓에서 기원

춘추시대 魯(姬姓)나라 公孫嬰齊가 魯 成公을 도와 宋나라와 鄭나라를 정벌하는 데 공을 세워 大夫로 봉해졌다. 嬰齊의 자가 叔弓이었으며, 그 지손 서손이 조상의 자를 성씨로 삼은 것이다.

[군망(郡望)]: 太原郡.

> 역사상 주요 인물

【弓里戍】동한 騎都尉.
【弓蚝】十六國 前秦 장수.
【弓翊】북조 後魏 博陵太守.
【弓嗣初】당대 시인.

## 225
## 牧(Mù): 목

### 원류

① 인명에서 기원

황제 헌원씨가 일찍이 꿈에 어떤 사람이 천 균(鈞) 무게의 활을 들고, 만 마리나 되는 양을 몰고 있는 것을 보았다. 꿈에서 깨어나 활을 들고 있다는 것은 힘이 세다는 것이요, 양을 몰고 있다는 것은 백성을 부릴 수 있다고 판단하고 그 사람을 찾았다. 과연 大澤에서 그를 찾아 力牧이라 하였다. 그 力牧의 후손이 조상의 이름에서 성을 취한 것이다.

② 관직 이름에서 기원

周나라 때 牧師令이라는 관직이 있어 목장과 가축의 사육을 맡았다. 그 후손이 牧師氏로 성을 삼았다가 뒤에 줄여 牧氏라 한 것이다.

③ 희성姬姓에서 기원

춘추시대 衛(姬姓)나라 대부 康叔이 牧(지금의 河南 衛輝市 북쪽)을 봉지로 받아 그 자손이 땅 이름을 성씨로 삼은 것이다.

군망(郡望) : 弘農郡.

역사상 주요 인물

【牧皮】 춘추 공자제자.
【牧仲】 춘추 魯 현인.
【牧相】 명대 光緒參議, 학자.
【牧文】 명대 태수.

## 226
## 隗(wěi): 외

隗  주로 河北, 山西 등지에 집중적으로 분포함.

[원류]

① 사성姒姓에서 기원

商湯이 夏桀을 멸한 다음, 걸의 후손을 隗(지금의 湖北 秭歸縣 동남)에 봉하여 大隗國이라 불렀다. 춘추시대 대외국이 楚나라에 망하자, 그 유민이 翟國으로 흩어져 살면서 고국의 나라 이름을 성씨로 삼았다.

② 적적赤狄에서 기원

隗자는 한편 괴(媿)로도 표기하며, 이는 고대 赤狄의 성씨이다. 춘추시대 북방 유목 민족 赤狄이 중원 황하 이북에 활동하면서 화하족과 통혼하게 되었고, 6세기 말에 晉나라가 대대적으로 공격하여 자국 백성으로 삼았다. 이들이 점차 漢化하여 성을 隗씨로 하였다.

③ 隗姓의 독음.

隗자는 일부 '괴'(Kuí)로도 읽는다.

군망(郡望) : 餘杭郡.

역사상 주요 인물

【隗囂】 동한 명장.
【隗禧】 삼국 魏 학자.
【隗炤】 동진 술사, 방사.
【隗仁】 십륙국 北涼 高昌太守.

## 227
## 山(shān): 산

> 山 주로 雲南, 四川, 遼寧, 陝西 등지에 분포함.

### 원류

① 강성姜姓에서 기원

炎帝 神農氏(姜姓)는 烈山(列山)에서 태어나 烈山氏라고도 하며 그 지손 서손이 이에 山자를 취하여 성씨로 삼은 것이다.

② 관직 이름에서 기원

周나라 관직에 山林을 관장하는 임무를 띤 자를 山師, 혹은 山虞라 하였으며 그 후손이 이 직책 이름에서 山자를 취하여 성씨로 삼은 것이다.

③ 외족의 개성

北朝 後魏 鮮卑族의 吐難氏가 뒤에 山자를 성씨로 정하였다.

군망(郡望) : 河南郡.

역사상 주요 인물

【山祁】 춘추 晉 대부.
【山濤】 서진 명사, 竹林七賢의 하나.
【山簡】 서진 尙書左僕射.
【山靑·山雲】 명대 장수.

## 228
## 谷(Gǔ): 곡

 주로 江蘇, 河北, 山東, 河南 등지에 분포함.

**원류**

① 영성嬴姓에서 기원

상고시대 顓頊 高陽氏의 후손 非子가 西周 때 秦谷을 봉지로 받았으며, 이들이 둘로 나뉘어 秦氏와 谷氏가 두 성이 생겨났다. 그 중 곡씨를 谷伯이라 불렀다. 춘추시대 谷國이 楚나라에 망하자, 그 후손들이 곡을 성씨로 삼았다.

② 희성姬姓에서 기원

춘추시대 晉(姬姓)나라 공족 대부가 극(郤) 땅을 봉지로 받아 극씨라 하였다가 '阝'부를 제하고 곡씨로 표기하였다.

③ 전씨田氏에서 기원

전국시대 田氏 齊나라 공자 尾孫이 夾谷(지금의 江蘇 贛榆縣 서쪽)에 봉해져 그 후손이 谷자를 성씨로 삼았다.

④ 외족의 개성

　北朝 後魏 鮮卑族의 谷會氏가 중원으로 들어와 漢化하면서 谷氏를 성씨로 하였다. 그 외 唐代 東夷族 谷那氏 역시 성을 谷氏로 하였다.

군망(郡望) : 上谷郡.

역사상 주요 인물

【谷永】 서한 大司農.
【谷裒】 동진 廣武將軍.
【谷倚】 당대 문학가.
【谷庸】 명대 知縣.
【谷士桓】 청대 화가.
【谷應泰】 청대 문학가.

## 229
## 車(Chē): 차

 주로 四川, 山東, 甘肅 등지에 분포함.

[원 류]

① 인명에서 기원

고대 黃帝 軒轅氏의 신하로 차구(車區)라는 자가 있어, 점복과 천문 현상을 관찰하는 일을 맡았다. 그 후손이 이에 車로써 성씨를 삼았다.

② 영성嬴姓에서 기원

춘추시대 秦(嬴姓)나라 공족 대부로써 子車를 성씨로 한 자가 있어, 그 이름을 子車仲良이라 하였다. 그가 대부가 되어 秦 穆公을 섬겨 공을 이루어 칭송을 받았으며, 당시 子車奄息, 鉗虎와 더불어 '三良'이라 칭해졌다. 진 목공이 죽으면서 그들이 순장되었고, 子車仲良과 子車奄息의 후손이 子車에서 車자를 취하여 성씨로 삼은 것이다.

③ 규성嬀姓에서 기원

西漢 昭帝 때 승상 田千秋는 나이가 들어 걸을 수가 없게 되자, 소제가 특별히 그만은 수레에 탄 채 조정에 들어올 수 있도록 허가하였다. 이리하여

당시 그를 '車丞相'이라 불렀다. 이에 그 후손이 車자를 성씨로 삼게 된 것이다.

④ 외족의 개성

　　北朝 後魏 鮮卑族의 車門氏, 車焜氏 등이 모두 車로 성씨를 삼았으며, 普氏는 周씨로 성을 바꾸었다가 그 위 北周 때 다시 車非氏로 고쳤으며 혹 車씨로 줄여 부르게 되었다. 그리고 당시 西域의 車師國 사람들이 中原에 들어와 살면서 漢化하여 역시 車씨 성을 갖게 되었다.

군망(郡望) : 京兆·河南郡.

역사상 주요 인물

【車順】 서한 虎牙將軍.
【車胤】 서진 吏部尙書.
【車路頭】 북조 後魏 散騎常侍.
【車道政】 당대 화가.
【車若水】 남송말 학자.
【車泰】 명대 학자.

## 230
## 侯(Hóu): 후

> 侯 중국 100大姓의 하나. 300여만 명(현재 중국 전체 인구의 약 0.25%). 주로 湖南과 북방 각지에 널리 분포함.

### 원류

① 사황씨史皇氏에서 기원

황제의 사관 蒼頡(倉頡)은 성이 侯岡이었으며 史皇氏라 불렸다. 그 후대 한 지파가 지금의 陝西 涇陽 일대에 살면서 侯氏를 성으로 삼았다.

② 사성姒姓에서 기원

夏나라 때 禹임금의 지손 서손의 후예가 侯(지금의 河南 偃師市 동남 緱氏鎭)에 봉해졌다. 그 후손이 나라 이름을 성씨로 삼은 것이다.

③ 희성姬姓에서 기원

두 갈래로 나눌 수 있다.

첫째, 춘추 초기 晉(姬姓) 昭侯가 숙부 成師를 曲沃에 봉하였다. 곡옥의 세력이 날로 강하여 晉侯 緡 때 도리어 곡옥 武公(晉武公)에게 망하고 말았다. 진후 민의 일족이 다른 곳으로 도망하여, 그 작위(공후백자남의 侯)를 성씨로 삼은 것이다.

둘째, 춘추시대 鄭(姬姓) 莊公의 아우 叔段이 모반을 일으켰다가 실패하고, 共邑(지금의 河南 輝縣)으로 도망하여 共叔段이라 불렀다. 공숙단이 죽은 뒤 정 장공이 숙단의 아들 共仲을 侯로 삼아 성씨가 되었다.

④ 미성芈姓에서 기원

춘추시대 楚(芈姓)나라 공족으로 '侯'자를 성씨로 삼은 자가 있었다.

⑤ 외족의 개성

北朝 後魏 鮮卑族 古口引氏와 侯奴氏·渴侯氏·古引氏·侯伏侯氏 등이 모두 후씨로 성을 삼았다.

군망(郡望) : 上谷郡.

역사상 주요 인물

【侯嬴】 전국 魏 信陵君의 모사.
【侯霸】 동한 大司徒.
【侯安都】 남조 陳 명장.
【侯君集】 당초 대장.
【侯叔獻】 북송 水利전문가.
【侯顯】 명대 항해가.
【侯方域】 청초 문학가.

## 231
宓(Fú·Mì): 복(밀)

 주로 上海 등지에 집중적으로 분포함.

원류

① 伏羲氏에서 기원

고대 伏羲氏를 宓羲氏 등으로도 표기하여 그 중 宓자를 성씨로 삼은 것이며, 춘추시대 공자 제자 宓子賤을 혹 伏子賤으로 쓰기도 하였다. 또한 西漢 伏生 역시 宓生으로 표기하기도 한다. 그러나 三國 魏나라 때 宓妃를 伏妃로는 쓰지 않는 것으로 보아 伏과 宓은 두 성으로 나뉜 것으로 보인다.

② 현대 독음의 변화

'宓'은 현대 중국음으로 'Fú'와 'Mì' 두 가지로 읽히고 있다.

군망(郡望) : 平昌郡.

> 역사상 주요 인물

【宓不齊】宓子賤, 춘추 공자제자.

## 232
蓬(Péng): 봉

 黃河 中下流에 일대에 집중적으로 분포함.

원류

① 희성姬姓에서 기원

서주 때 周王의 지손 서자 중에 蓬(지금의 四川 蓬安縣)에 봉해진 자가 있어 그 후손이 지명을 성씨로 삼은 것이다.

② 풀 이름에서 기원

西晉 北海 사람 蓬球라는 자는 산에 들어가 신선을 만나고 돌아왔더니, 이미 엄청난 시간이 흘러 자신의 집은 터만 있고 쑥이 무성하여 그 쑥(蓬)을 성씨로 삼았다고 한다.

군망(郡望): 長樂郡.

역사상 주요 인물

【蓬球】 서진 발해인.

## 233
## 全(Quán): 전

 주로 湖南, 河南, 浙江 등지에 집중적으로 분포함.

원류

① 관직 이름에서 기원

주나라 때 泉府(화폐를 관장하는 부서)를 두어 화폐와 무역을 담당하도록 하였으며, 고대 錢幣를 泉이라 칭하였다. 그리하여 泉을 성씨로 삼았다가 음이 비슷한 '全'으로 바뀌게 된 것이다.

② 지명에서 기원

先秦시대 全地(지금의 安徽 全椒縣)라는 지명이 있어 그곳 주민들이 '全'을 성씨로 삼은 것이다.

③ 외성, 외족의 개성

서한 말 漢 元帝 王皇后의 동족 중에 王莽이 漢나라를 찬탈한 것에 불만을 품고, 같은 성씨를 가질 수 없다고 여겨 그 위에 '入'(혹 '人'자라고도 함)자를 씌워 王氏 사람이지만 全씨로 바꾸었다고 지조를 표시하였다. 한편 元代 위구르(畏兀) 사람 阿魯渾薩里의 자가 萬全으로 元 成宗 때 재상이었는데, 그 아들이 아버지의 자를 따라 全氏로 개성하였다. 그리고 청대 왕족 아이신자오로(愛新覺羅)씨의 鄭親王의 후손 역시 성을 全으로 바꾸었다.

군망(郡望) : 京兆郡.

역사상 주요 인물

【全柔】동한말 尙書丞.
【全琮】삼국 東吳 명장.
【全元起】수대 명의.
【全師雄】오대 後蜀 文州刺史.
【全謙孫】원대 학자.
【全整】명대 학자.
【全祖望】청대 학자.

## 234
## 郗(xī): 치

郗 주로 浙江, 江蘇, 山東 등지에 분포함.

**원류**

① 기성己姓에서 기원

고대 黃帝 軒轅氏의 아들 玄囂의 후손 蘇忿生이 周 武王 때 司寇의 벼슬을 하였고, 그 지손의 서자가 郗邑(지금의 河南 沁陽縣 서북)에 봉을 받았다. 그런데 周 鄭王 때 치읍이 鄭나라에게 넘어가자, 소분생의 후손이 나라 이름을 성씨로 삼은 것이다.

② 郗와 郤(郄)의 구별

郗姓과 郤姓(郄姓)은 그 근원과 독음이 전혀 다르다. 《正字通》에 의하면 明代 민간에서는 '郗'자를 'Xī'로 읽기 시작하여 극(郤, 郄)과 같은 'Xī'의 음으로 혼동하게 되었다고 한다.

**군망(郡望)**: 高平郡.

> 역사상 주요 인물

【郗慮】동한 御史大夫.
【郗鑑】동진 司空.
【郗超】동진 散騎常侍.
【郗士美】당대 刑部尙書.

## 235
班(Bān): 반

班 주로 河北, 山西, 陝西 등지에 분포함.

### 원류

⓪ 미성(芈姓)에서 유래되었다. 춘추시대 楚(芈姓)나라 王 若敖의 손자로써 令尹을 지낸 子文이 있었다. 그는 태어났을 때 들에 버려져 호랑이 젖을 먹고 자라 "호랑이 젖을 먹고 자랐다(虎乳)"는 뜻의 초나라 말인 '투누오도(鬪穀於菟)'라 불렸다. 그리하여 호랑이 무늬의 斑紋을 상징하여 斑氏라 하였다. 고대 '斑'과 '班'은 서로 통하여 성을 '班'으로 표기하게 된 것이다.

### 군망(郡望): 扶風郡.

### 역사상 주요 인물

【班伯】 서한 학자.
【班婕妤】 서한 才女.
【班彪·班固】 동한 사학가.
【班昭】 동한 재녀.
【班超·班勇】 동한 명장.

【班景倩】당대 학자.
【班言】명대 효자.

## 236
## 仰(Yăng): 앙

仰　주로 陝西 일대에 분포함.

**원류**

① 인명에서 기원

고대 舜임금 때 樂師 仰延이 八絃琴을 二十五絃으로 개조하였다고 한다. 그 후손이 조상의 이름을 취하여 仰氏를 성씨로 삼게 된 것이다.

② 영성嬴姓에서 기원

전국시대 秦(嬴姓) 惠公의 아들 公子 卬의 후손이 조상의 자를 성씨로 삼은 것이며, 고대 '卬'과 '仰'은 통용자이므로 '亻'방으로 붙여 표기한 것이다.

**군망(郡望)**: 汝南郡.

### 역사상 주요 인물

【仰忻】 북송 효자.
【仰仁謙】 북송 淸白吏.
【仰瞻】 명대 大理丞.

## 237
### 秋(Qiū): 추

원류

① 관직 이름에서 기원

周나라에 司寇라는 벼슬을 두어 이를 달리 '秋官'이라 불렀다. 이에 그 후손이 관직 이름을 성씨로 삼은 것이다.

② 金天氏에서 기원

고대 少昊 金天氏의 후예 仲孫湫가 춘추시대 魯나라 대부가 되었다. 그 손자의 이름이 胡였는데 흔히 湫胡로 불렀으며 陳나라 경이 되었다. 그 지손 서손이 그 이름을 성씨로 쓰다가 뒤에 'ᅡ'를 제하고 秋씨로 표기한 것이다.

군망(郡望): 天水郡.

역사상 주요 인물

【秋水】오대 南唐 궁녀.
【秋瑾】청말 反淸烈士, 여류시인.

## 238
## 仲(zhòng): 중

 주로 江西, 遼寧 등지에 분포함.

원류

① 行列에서 기원

고대 형제의 순서를 伯, 仲, 叔, 季로 구분하여 항렬을 삼았다. 그 중 둘째로 태어난 자의 지손 서손이 뒤에 성씨로 삼은 것이다.

② 高辛氏에서 기원

고대 帝嚳 高辛씨의 才子八人이 있어 이를 '八元'이라 불렀으며, 顓頊의 여덟 아들 '八愷'와 함께 이름을 날렸다. 그 중 仲堪과 仲熊 두 형제가 뒤에 중씨의 성씨가 되었다.

③ 임성任, 妊姓에서 기원

黃帝의 25명 아들 중에 성을 任(妊)씨로 얻은 자가 있었으며, 그 후손 奚仲이 夏나라 때 車正이 되었다. 다시 해중의 후손 중훼(仲虺)가 商湯의 보좌가 되어 업적을 이루었다. 이에 그 후손들이 조상의 이름을 취하여 성으로 삼았으며 중씨의 또 다른 姓源이다.

④ 희성姬姓에서 기원

　춘추 魯나라 公子 경보(慶父)의 자가 共仲이었다. 노나라에 난을 일으켰다고 견책을 받았으며, 그가 죽은 뒤 자손들이 난을 피하기 위하여 성을 仲孫氏로 바꾸었다가 뒤에 줄여 仲氏라 하였다.

⑤ 자성子姓에서 기원

　춘추 宋(子姓) 莊公의 아들 城의 자가 子仲이었다. 그 후손이 조상의 자를 성씨로 삼은 것이다.

군망(郡望) : 中山・樂安郡.

역사상 주요 인물

【仲由】 춘추 공자 제자.
【仲子陵】 당대 太常博士.
【仲簡】 북송 兵部郞中.
【仲幷】 남송 학자.
【仲恆】 청대 詞人.

〈子路〉

239
伊(Yi): 이

伊 주로 河北에 가장 많이 분포함.

(원류)

① 이기씨伊祁氏에서 기원

고대 堯임금이 伊祁山에서 출생하여 伊祁氏의 伊長孺 집안에서 자랐다. 그 자손 서손이 이에 伊자를 성씨로 삼은 것이다.

② 물 이름에서 기원

商나라 초기 商湯을 도와 夏桀을 멸한 대신 伊尹은 伊水(지금의 河南 嵩縣)가에서 태어나 伊氏 성을 얻게 되었다.

③ 외족의 개성

北朝 後魏 鮮卑族의 伊婁氏가 중원에 들어와 살면서 伊氏와 婁氏로 나뉘었다.

군망(郡望): 陳留·河南郡.

역사상 주요 인물

【伊推】 서한 학자.
【伊籍】 삼국 蜀漢 昭文將軍.
【伊㐻生】 북조 後魏 장군.
【伊愼】 당대 南充君王.
【伊秉綬】 청대 학자, 시인.

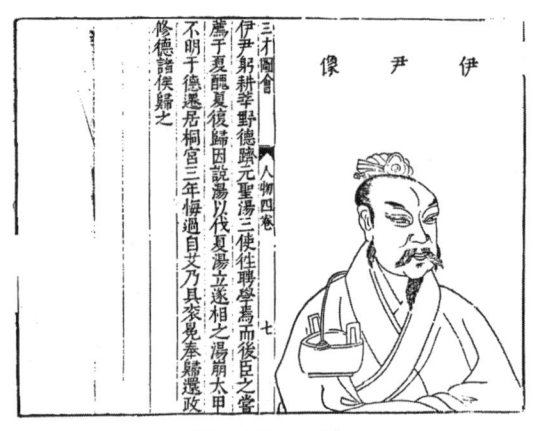

伊尹《三才圖會》

## 240
宮(Gōng): 궁

 주로 東北 三省과 山東, 安徽 등지에 집중적으로 분포함.

**원류**

① 고대 궁국宮國에서 기원

夏商 때 宮이라는 이름의 나라가 있었으며, 西周 초 虞나라에게 망하였다. 이에 그 족인들이 나라 이름을 성으로 삼은 것이다.

② 관직 이름에서 기원

周나라 궁중 건축에 관한 일을 맡았던 관직을 宮人이라 하였다. 이 직책이 세습되면서 그 직책 이름을 성씨로 삼은 것이다.

③ 희성姬姓에서 기원

두 가지 갈래로 나눌 수 있다.
첫째, 西周 초 周 武王이 그 아우 虞仲을 夏墟(지금의 山西 夏縣 북쪽)에 봉하였는데, 우중은 다시 그 아들에게 上宮(지금의 河南 浚縣 서쪽) 땅을 분봉하였다. 이에 그 후손이 지명을 성씨로 삼은 것이다.
둘째, 춘추시대 魯나라 공족 대부로써 孟僖子의 아들 韜가 南宮(지금의

河北 南宮縣)을 봉지로 받아 그 후손들이 성씨로 삼았으며, 이에 따라 南씨와 宮씨 두 성이 나오게 되었다.

④ 외족의 개성

청대 만주족 八旗의 恭佳氏가 뒤에 모두 宮씨로 개성하였다.

군망(郡望) : 太原·河東郡.

역사상 주요 인물

【宮之奇】춘추 虞 대부.
【宮志悝】당대 殿中侍御史.
【宮欽】원대 東阿令.
【宮天挺】원대 희곡작가.
【宮婉蘭】청대 여류화가.
【宮國苞】청대 시인, 화가.

# 241
## 寧(Níng): 녕

 주로 吉林, 山西, 河北, 河南, 陝西, 湖南 등지에 집중적으로 분포함.

### 원류

① 영성嬴姓에서 기원

'Níng'으로 읽을 경우 이들은 嬴姓에서 나왔다. 춘추시대 秦 襄公의 증손의 시호가 寧으로 寧公이라 불렸다. 그 시손 서손이 소상의 시호를 성씨로 삼았던 것이다.

② 희성姬姓에서 기원

'Nìng'으로 읽을 경우 이는 姬姓에서 나왔다. 춘추시대 衛 成公의 아들 계흔(季亹)이 甯邑(지금의 河南 獲嘉縣 서북)에 봉지를 받아 그 후손들이 그 읍 이름을 성씨로 삼은 것이다.

③ 寧姓과 甯姓

寧과 甯은 표기가 다르지만 지금 통용하여 모두 寧으로 표기하고 있다. 그러나 고대 이 두 성은 각기 독음과 姓源이 다른 별개의 성씨였다. 고대에는 甯姓의 표기가 훨씬 보편적이었으나, 뒤에 점차 두 성의 표기가 하나로 굳어진 것이다. 그러나 漢代까지도 이를 혼용하여, 이를테면 《呂氏春秋》 등의 '甯越'은 《史記》에는 '寧越'로 표기하였으나 《史記》의 '寧成'(西漢의 中尉)은 도리어 《漢書》에는 '甯成'으로 표기되기도 하는 등 일정하지 않았다.

군망(郡望) : 齊郡·濟陰郡.

역사상 주요 인물

【甯成】서한 中尉.
【甯純】당대 合州刺史.
【甯智】북송 학자.
【甯玉】원대 명장.
【甯正】명초 平羌將軍.
【甯浤】청초 학자.

## 242
## 仇(Qiú): 구

仇 주로 江蘇, 浙江, 山東 등지에 분포함.

> 원류

① 구오씨九吾氏에서 기원

夏나라 때 제후국으로 九吾氏가 있었다. 商나라 때 이르러 나라를 세워 九國이라 하였으며, 작위는 侯로써 九侯라 하였다. 이 구후가 상말 紂王에게 피살되자, 그 족인들이 나라 이름에 '亻'방을 붙여 '仇'자를 만들어 성씨로 삼은 것이다.

② 자성子姓에서 기원

춘추시대 宋(子姓) 閔公이 宋萬에게 죽음을 당하자, 송나라 대부 仇牧이 이에 맞섰다가 또다시 죽음을 당하였다. 이에 그 후손이 그 이름에서 취하여 구씨 성을 갖게 되었다.

③ 외성의 개성

北朝 後魏 때 中山 사람 侯洛齊가 仇氏의 양자가 되어 드디어 구씨를 성씨로 삼았다. 그는 뒤에 전투에 큰 공을 세워 대관의 벼슬에 올랐으며, 뒤에 점차 번성하여 望族이 되었다. 이는 구씨의 다른 일파이다.

군망(郡望) : 南陽・平陽郡.

### 역사상 주요 인물

【仇覽】 동한 명사.
【仇博】 북송 명사.
【仇遠】 원대 儒學敎授.
【仇英】 명대 화가.
【仇養蒙】 명대 효자.
【仇兆鰲】 청대 학자.

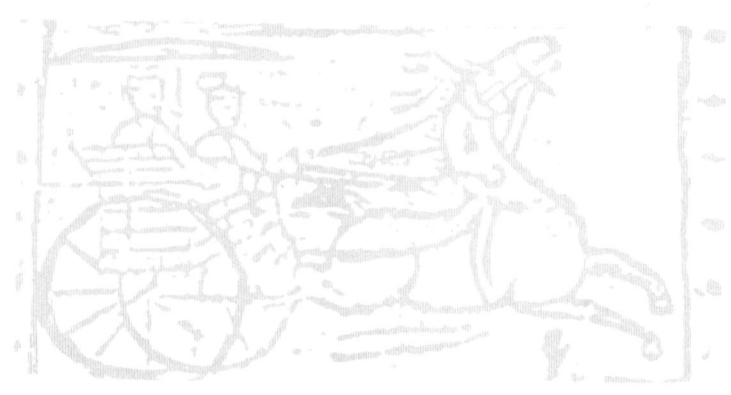

## 243
欒(Luán): 란

 주로 黑龍江 일대에 분포함.

[원류]

① 희성姬姓에서 기원

춘추시대 晉(姬姓) 靖侯의 손자 賓이 欒邑(지금의 河北 欒城縣)에 봉해져 欒賓이라 불렸다. 그 후손이 조상의 이름을 성씨로 삼은 것이다.

② 강성姜姓에서 기원

춘추시대 齊(姜姓) 惠公의 아들 공자 堅의 자가 子欒이었다. 이에 그 지손 서손이 조상의 자를 성씨로 삼은 것이다.

[군망(郡望)]: 西河郡.

[역사상 주요 인물]

【欒書】춘추 晉 명장.
【欒布】서한초 都尉.
【欒巴】동한 桂陽太守.
【欒淸】당대 시인.
【欒惲】명대 通政使.
【欒惠】명대 학자.

244
暴(Bào): 포(폭)

 주로 黑龍江, 河北, 山東, 山西, 陝西, 河南 등지에 분포함.

**원류**

① 희성(姬姓)에서 유래되었다. 東周시대 왕족 대부 중에 暴(지금의 河南 鄭州市 북쪽 原武鎭)에 봉을 받아 暴辛公이라 불린 자가 있었다. 춘추시대 이 곳이 정나라에 병탄되자, 그 자손들이 그 봉지를 성씨로 삼은 것이다.

**군망(郡望)**: 河東·魏郡.

**역사상 주요 인물**

【暴鳶】전국 韓 장군.
【暴勝之】서한 御史大夫.
【暴顯】북조 齊 驃騎大將軍.
【暴昭】명초 刑部尙書.

## 245
## 甘(Gān): 감

 주로 호남, 四川, 湖北, 江西 등지에 분포함.

### 원류

① 사성姒姓에서 기원

夏(姒姓)나라 때 동성 제후로 甘國(지금의 河南 洛陽市 서남)이 있었다. 그 나라가 망하자, 족인들이 나라 이름을 성씨로 삼은 것이다.

② 자성子姓에서 기원

商(子姓)나라 武丁(高宗)이 즉위하여 동성의 甘盤을 재상으로 삼았다. 이에 감반의 자손들이 조상의 이름을 성씨로 삼은 것이다.

③ 희성姬姓에서 기원

두 갈래로 나눌 수 있다.

첫째, 서주 초 周(姬姓) 武王이 동성의 아우를 고대 甘國이었던 곳에 봉하여 甘伯이라 불렀다. 몇 세대가 지나 甘伯 恆公이 세상에 알려지자 그 자손들이 조상의 나라 이름을 성씨로 삼은 것이다.

둘째, 춘추시대 周 襄王의 아우 王子 帶가 甘 땅에 봉해져 甘昭公이라 불렸다. 그 자손이 역시 나라 이름을 성씨로 삼은 것이다.

④ 외족의 개성

明淸시대 靑海의 土族 중에 甘姓이 있었으며, 청대 만주족 八旗의 甘佳氏가 역시 성을 甘氏로 하였다.

군망(郡望) : 渤海郡.

역사상 주요 인물

【甘德】 전국 齊 천문학자.
【甘羅】 전국 秦 상경.
【甘英】 동한 명신.
【甘寧】 삼국 東吳 명장.
【甘泳】 송대 시인.
【甘汝來】 청대 太傅.

## 246
## 斜(Tǒu): 두

 지금은 거의 사라진 성씨임.

[원류]

① 강성(姜姓)에서 유래되었다. 전국시대 田氏가 姜氏 齊를 찬탈하자, 원래 강씨로서 마지막 임금이었던 康公이 바다로 추방되었다. 그런데 생활이 궁핍하여 斜(술을 따르는 그릇)로써 음식을 퍼먹으며 살았다. 그 후손들이 이에 그 글자를 취하여 성씨로 삼은 것이며, 지금은 거의 이 성씨를 보기 어렵다. 다만 南宋 鄭樵의 《通志》氏族略에 당시 臨海(지금의 浙江)에 이 斜姓이 많았다고 한다.

[군망(郡望)] : 遼西郡.

[역사상 주요 인물]

【斜滔】오대 後漢 處州刺史.

## 247
## 厲(Li): 려

주로 湖北과 淮河 유역에 집중적으로 분포함.

### 원류

① 강성姜姓에서 기원

周 宣王 때 齊(姜姓)나라 임금 無忌가 죽자, 그 시호를 '厲'라 하여 역사에서는 齊 厲王이라 부른다. 그 지손 서손이 조상의 시호를 성으로 삼은 것이다.

② 나라 이름에서 기원

서주 때 제후국 중 아주 작은 나라로 厲國(지금의 湖北 隨州市 서북)이 있었으며 춘추시대에는 隨國으로 불렸다. 원래 厲侯의 후예였으며, 이 나라 유족들이 厲를 성씨로 삼은 것이다.

③ 외성의 개성

三國 東吳의 종실 孫秀가 魏나라로 도망하자 동오에서는 그를 폄하하여 厲라 불렀으며, 손수의 가인으로써 江南에 남아 있던 이들이 厲氏가 되었다.

한편 唐 代宗 李晉이 太平公主와 모의하여 반란을 꾀하다가 실패하고 주살당하자 玄宗이 조서를 내려 이진의 자손을 厲氏로 하도록 하였다.

군망(郡望) : 范陽・南陽郡.

역사상 주요 인물

【厲溫敦】 동한 義陽侯.
【厲歸眞】 오대 後梁 도사, 화가.
【厲昭慶】 북송초 화가.
【厲仲方】 남송 장수.
【厲汝進】 명대 吏科都給事中.
【厲昇】 명대 知縣.
【厲鶚】 청대 학자.

## 248
### 戎(Róng): 융

주로 陝西, 甘肅, 山西 일대에 분포함.

**원류**

① 관직 이름에서 기원

周나라에 군대 기계를 담당하는 관직을 두어 '戎右'라 하였다. 이에 그 후손이 관직 이름을 성씨로 삼은 것이다.

② 강성姜姓에서 기원

炎帝 神農氏의 후예인 姜戎이 춘추시대 晉나라와 秦나라의 쟁패에 참여하면서 중원에 살게 되었다. 그 일부가 戎씨로 성을 삼았다. 한편 齊(姜姓)나라 부용국으로 有戎國이 있었다. 그 나라가 망한 뒤 그 족인이 나라 이름을 성씨로 삼은 것이다.

③ 자성子姓에서 기원

서주 초 商(子姓)나라 왕족 微子 啓가 宋나라에 봉을 받아 그 지손 서손 중 한 지파가 戎氏를 성으로 삼았다.

군망(郡望) : 江陵郡.

역사상 주요 인물

【戎賜】서한초 장수.
【戎昱】당대 시인.
【戎益】남송 平江知府.
【戎簡】명초 儒生.
【戎洵】명대 黃州府推官.

249
祖(zǔ): 조

| 祖 | 주로 河北, 北京, 遼寧, 陝西 등지에 분포함. |

(원류)

① 임성任姓에서 기원

임성(任姓, 妊姓)은 원래 黃帝 軒轅氏의 성으로써 그 후손 奚仲이 뒤에 夏나라에 벼슬하였으며, 그 해중의 支孫 서자 후예들이 '祖上'을 뜻하는 '祖'로써 성을 삼은 것이다.

② 자성子姓에서 기원

商(子姓)나라 역대 왕 중에 祖甲, 祖乙, 祖丁, 祖庚, 祖辛 등 祖자를 앞에 쓰고 뒤에 十干의 글자를 붙여 왕호를 삼았다. 그 각기 支孫들이 그 '祖'자를 성씨로 삼은 것이다.

(군망(郡望)): 范陽郡.

### 역사상 주요 인물

【祖逖】 동진 명장.

【祖沖之·祖暅之】 부자 모두 남조 齊梁 사이 數學者.

【祖瑩】 북조 後魏 문학가.

【祖詠】 당대 시인.

【祖無擇】 북송 中書舍人.

【祖寬】 명말 驍將.

## 250
## 武(wǔ): 무

武 중국 100大姓의 하나. 220여만 명(현재 중국 전체 인구의 약 0.18%). 주로 山西, 河北, 河南 등지에 분포함.

**원류**

① 언성偃姓에서 기원

夏나라 중엽 東夷族에 속하던 偃姓의 武羅國이 있었는데, 그 수령은 有窮氏 后羿의 신하였다. 그 후손이 소상의 나라 이름을 성으로 삼아 武씨가 되었다.

② 자성子姓에서 기원

두 갈래로 나눌 수 있다.
첫째, 商 武丁의 후손 중 이름이 武인 자가 있어 그 이름을 성씨로 삼았다.
둘째, 춘추 초 宋(子姓) 戴公의 아들 이름이 司空이었으며 시호는 武로써 宋武公이라 불렸다. 그 지손 서손이 조상의 시호를 성씨로 삼은 것이다.

③ 희성姬姓에서 기원

역시 두 갈래로 나눌 수 있다.

첫째, 東周 平王의 막내아들이 처음 태어났을 때 손바닥에 '武'자가 그려져 있어 이름을 '武'(姬武)라 지었다. 이에 그 후손들이 武자를 성씨로 삼은 것이다.

둘째, 鄭(姬姓) 穆公의 아들 公子 喜는 자가 子罕이었으며 그 후손이 罕자를 성으로 삼았다. 춘추 말 鄭 聲公의 卿이었던 罕達의 자가 子姚, 혹은 자승(子滕)으로 '武子滕'으로 불리었다. 이에 그 지손 서손이 무사를 성씨로 삼은 것이며 지금 武성의 가장 주된 姓源이다.

④ 劉姓에서 기원

西漢 종실 劉遂이 武遂(지금의 河北)에 봉을 받아 東漢 때 이 지명을 武强 이라 하였다. 그 자손이 이에 武强氏라 하였다가 줄여 武氏라 하였다.

⑤ 외족의 개성

唐 武則天 때 원래 鮮卑族의 賀蘭氏였던 자들이 武氏로 바꾸었으며, 청대 滿洲族 八旗의 武聶氏·武佳氏, 武庫登吉氏 등이 모두 武씨로 성을 바꾸었다.

군망(郡望) : 太原·沛郡.

역사상 주요 인물

【武臣】秦末 농민군 수령.
【武則天】당 고종 황후, 周 女帝.
【武元衡】당대 재상.
【武章】오대 後蜀 명장.

【武宗元】북송 화가.
【武仙】금대 恆山公.
【武漢臣】원대 희곡작가.
【武之望】명대 명의.
【武億】청대 학자.
【武訓】청대 민간교육가.

## 251
## 符(Fú): 부

符 주로 廣東, 海南 등지에 분포함.

[원류]

◎ 희성에서 유래하였다. 전국시대 魯나라가 楚나라에게 멸망하자, 그 마지막 군주 魯 頃公의 손자 雅(姬雅)가 秦나라로 들어가 부새령(符璽令)이 되어 나라의 國璽와 符令을 담당하는 직책을 맡았다. 그 후손이 그 관직 이름을 따서 성으로 삼았다.

[군망(郡望)] : 琅琊郡.

[역사상 주요 인물]

【符融】동한 명사.
【符表】서진 효자.
【符令奇】당대 盧龍軍副將.
【符載】당대 시인.
【符令謙】오대 南唐 趙州刺史.
【符彦卿】북송초 대장.

## 252
## 劉(Liú): 류

중국 5大姓의 하나. 6,500여만 명(현재 중국 전체 인구의 약 5.4%). 중국 각지에 널리 퍼져 있음. 중국 속담에 "張王李趙遍地劉"라는 말이 있으며 중국 최대 성씨의 하나임.

( 원류 )

① 기성祁姓에서 기원

帝堯 陶唐氏는 祁姓이며 그 아들 丹朱가 舜임금에 의해 唐에 봉해졌다. 夏나라 때 단주의 후손 劉累가 왕 孔甲을 위하여 용을 길들여 총애를 받아 劉(지금의 河南 偃師市 남쪽) 땅을 봉지로 받아 御龍氏라 칭하였다가 뒤에 魯(지금의 河南 魯山縣)로 봉지를 옮기면서 옛 지명 劉氏를 성씨로 하였다. 商나라 후기 商王 武丁이 豕韋國(지금의 河南 滑縣)을 멸하고 劉累의 후손을 이 시위국 땅에 봉하였다. 서주 초에 이르러 劉累의 후손이 다시 唐 땅에 봉을 받아 唐公이 되어 堯임금의 제사를 받들게 되었다. 周 成王이 이 당공의 봉지를 다시 杜(지금의 陝西 長安縣 동북)로 옮겨 唐杜氏라 칭하였다. 그리고 周 宣王 때 杜伯이 무고하게 피살되자 그 아들 隰叔이 晉나라로 도망하여 士師의 벼슬을 하게 되었으며 그 자손들이 士씨로 성을 바꾸었다. 습숙의 증손 士會가 秦나라에 거주하다가 晉나라로 돌아왔으나 그 둘째 아들 士軾은 그대로 秦나라에 남아 있기를 원하면서 조상의 성씨인 劉씨를 회복하였다. 전국시대 후기 劉氏의 종족이 秦나라 군사를 따라 동쪽으로 이주하면서 關中으로부터 魏나라 도읍 大梁(지금의 河南 開封市)를 거쳐 沛(지금의 江蘇 沛縣)까지 이동하여 정착하였다. 漢 高祖 劉邦은 바로 이곳에서 출생한 것이다.

② 희성姬姓에서 기원

東周 때 周 頃王이 王季의 아들을 고대 劉國의 옛 땅에 봉하여 劉康公이라 불렀다. 그 지손 서자가 드디어 그 땅이름을 성씨로 삼은 것이다. 이 姬姓劉氏는 동주 때 크게 활약하였으나, 兩漢 이후 劉邦의 황족이 흥성함에 따라 그 기록이 희미하게 되었으며, 결국 祁姓劉氏에게 융입되어 역사 속에서 사라지고 말았다.

③ 외성, 외족의 개성

漢 高祖 劉邦이 異姓의 공신들에게 劉氏 姓을 하사한 예가 많다. 즉 齊人 婁敬을 劉敬으로 바꾸어 주었으며, 項羽의 백부 項伯纏이 鴻門宴 사건에서 유방을 보호한 공으로 그 가족에게 모두 劉氏성을 하사하였다. 또한 한 고조 유방이 匈奴와 화친 정책을 쓰고자 공주를 冒頓單于에게 시집보냈을 때 어머니의 성을 이어받는 흉노의 풍습에 따라 冒頓의 자손들은 모두 劉氏 성을 갖게 되었다. 그에 따라 東晉 十六國의 흉노족 劉淵은 바로 이 지파의 후손이다. 北朝 後魏 孝文帝 때 흉노 呼韓邪單于의 자손은 모두 유씨성을 택하였으며, 鮮卑族 獨孤氏의 일부 역시 유씨성으로 바꾸었다. 원대 蒙古族의 烏古倫氏도 역시 유씨성으로 개성하였다.

군망(郡望) : 彭城·南陽·京兆郡.

역사상 주요 인물

【西漢 王室 및 諸侯國】 66인.
【東漢 왕실】
【삼국 蜀漢 왕실】
【동진 十六國의 漢, 前趙, 남조 宋, 오대 後漢, 南漢, 北漢, 송대 大齊 등 왕실】

【劉邦】 한 고조.
【劉安】 서한 淮南王.
【劉徹】 한 무제.
【劉向·劉歆】 부자 모두 서한 학자.
【劉秀】 동한 光武帝.
【劉備】 삼국 蜀漢 先主.
【劉徽】 서진 數學者.
【劉伶】 서진 시인.
【劉裕】 남조 宋 武帝.
【劉勰】 남조 梁 문학이론가, 《文心雕龍》 찬술.
【劉知幾】 당대 사학가.
【劉晏】 당대 재상.
【劉禹錫】 당대 문학가.
【劉錡】 남송초 명장.
【劉松年】 남송 화가.
【劉基】 명초 대신.
【劉鏞】 청대 대신, 서예가.
【劉永福】 청대 명장.
【劉銘傳】 청말 淮軍명장.
【劉鶚】 청말 소설가, 《老殘遊記》 저술.

좌: 漢文帝 우: 漢高祖 《三才圖會》

劉向

## 253
## 景(Jing): 경

 주로 江蘇, 甘肅, 貴州 등지에 집성촌을 이루고 있음.

원류

① 미성半姓에서 기원

춘추시대 楚(半姓)나라 대부 景差가 그 예이며, 그의 후손이 조상의 이름을 취하여 성씨로 삼은 것이다. 초나라 삼대 귀족성(昭, 屈, 景)의 하나이다.

② 강성姜姓에서 기원

춘추시대 齊(姜姓)나라 임금 杵臼가 죽어 시호가 '景'으로 바로 齊 景公이다. 이에 그 지손의 서손이 그 시호를 취하여 성으로 삼은 것이다.

③ 외성의 개성

明代 御史大夫 '耿淸'이 성을 '景'으로 고쳐 '景淸'이라 하였다.

군망(郡望) : 太原・馮翊郡.

역사상 주요 인물

【景差】 전국 楚 대부, 문학가.
【景丹】 동한초 偏將軍.
【景鸞】 동한 학자.
【景延廣】 오대 後晉 대장.
【景淸】 명초 御史大夫.
【景梁曾】 청대 서화가.

## 254
## 詹(zhān): 첨

 주로 湖南, 臺灣, 四川, 福建 등지에 분포함.

> 원류

① 軒轅氏에서 기원

고대 黃帝 軒轅氏가 세상을 떠나자, 일부 자손들이 그 영혼을 지키는 일에 선발되었다. 그들은 황제의 영혼을 우러러보며 사는 자라 하여 詹(고대 瞻자의 뜻이었음)이라 추앙하여 이를 성씨로 삼은 것이다.

② 희성姬姓에서 기원

주나라 때 宣王이 그 지손을 詹 땅에 봉하여 詹侯라 불렀으며, 그 후손이 나라 이름을 성으로 삼은 것이다.

③ 관직의 명칭에서 기원

주나라 때 占卜을 관장하는 직책을 '詹尹(고대 占과 詹은 같은 뜻으로 사용하였음)이라 하여 그 후손들이 조상의 관직을 성씨로 삼은 것이다.

군망(郡望) : 河間·渤海郡.

### 역사상 주요 인물

【詹何】 전국 술사.
【詹必勝】 당대 장군.
【詹庠】 북송 진사.
【詹希原】 명대 서예가.
【詹風翔】 명대 학자.
【詹天佑】 청말 技士.

## 255
### 束(shù): 속

 주로 冀(河北)과 晉(山西) 및 江南 각 지역에 집성촌을 이루고 있음.

**원류**

⓪ 전성(田姓)에서 유래되었다. 전국시대 齊(田姓)나라 공족으로 疏(疎)를 성씨로 삼은 자가 있었다. 바로 西漢 太子太傅 疏廣이 그 후손이다. 그런데 서한 말 疎廣의 증손이 王莽의 난을 피하여 조상 대대로 거주하던 東海로부터 沙鹿山(지금의 하남 濮陽市 동쪽)으로 이주하여, '疎'자에서 편방을 줄여 '束'자를 써서 성으로 삼았다.

**군망(郡望)** : 南陽郡.

**역사상 주요 인물**

【束晳】서진 문학가, 사학가.
【束莊】남송 萬州知州.
【束遂庵】원대 화가.
【束淸】명대 知縣.

## 256
## 龍(Lóng): 룡

> 龍 중국 100大姓의 하나. 300여만 명(현재 중국 전체 인구의 약 0.24%). 호남, 광서, 운남, 귀주 등지에 주로 분포함.

### 원류

① 인명에서 기원

黃帝의 신하로 '龍行'이 있었으며, 舜임금의 신하로 '訥言龍'이 있어 그 후손늘이 조상의 이름이나 자를 성씨로 삼아 龍씨가 생겨나게 되었다.

② 동성董姓에서 기원

顓頊 高陽氏의 후손 陸終의 여섯 아들 중에 둘째 이름이 惠連이었으며 董姓이었다. 혜련의 후손이 순임금 때 용을 기르는 일을 맡아 환룡씨(豢龍氏)라 칭하였다. 그 공으로 董(지금의 山西 聞喜縣 동북)을 봉지로 받아 '동보'(董父)라 불렸다. 이 환룡씨의 후손이 글자를 줄여 용씨라 한 것이다.

③ 기성祁姓에서 기원

帝堯의 아들 丹朱의 후손 劉累가 夏王 孔甲을 위하여 용을 기른 공을 세워 御龍氏라 불렸다. 이 어룡씨의 후손이 글자를 줄여 용씨라 한 것이다.

④ 지명에서 기원

　기원전 256년 楚나라가 魯나라를 멸망시킨 뒤 원래 노나라 龍邑(지금의 山東 泰安市 서남 龍鄕)을 초나라 대부에게 봉지로 주었다. 그 자손이 그 지명을 성씨로 삼은 것이다.

⑤ 외족의 개성

　西漢 때 서남의 장가(牂牁, 지금의 貴州 遵義·思南 일대) 지역의 대성 용씨는 夜郎族에 속하였다. 西域 且彌國과 焉耆國 두 나라 왕족의 성씨는 모두 용씨였으며 西羌族에도 역시 용씨가 있다. 宋대까지도 牂牁의 용씨는 대성이었으며 元明대 들어오면서 貴州八番의 하나인 龍番은 지금 귀주 布依族의 족원이 되었다가 대부분 漢化하였다. 오늘날 西南 지역에 많은 용씨는 거의가 이와 관련이 있다.

군망(郡望) : 武陵·天水郡.

역사상 주요 인물

【龍且】 項羽의 部將.
【龍述】 동한 零陵太守.
【龍敏】 오대 後晉 工部侍郞.
【龍章】 북송 화가.
【龍仁夫】 원대 학자.
【龍文光】 명대 四川巡撫.
【龍燮】 청대 희곡작가.

## 257
## 葉(Yè): 엽

> 葉 중국 50大姓의 하나. 100여만 명(현재 중국 전체 인구의 약 0.42%). 주로 廣東, 浙江 등지에 분포함.

### 원류

① 미성芈姓에서 기원

春秋 후기 楚(芈姓) 莊王의 증손 諸梁이 葉(지금의 河南 葉縣 남쪽)에 봉해져 섭공(葉公)이라 불렸다. 그 자손이 그 읍을 성씨로 삼은 것이다.

② 외성, 외족의 개성

東漢 때 남방 日南郡에 葉調國(지금의 인도네시아 자바 섬, 혹 수마트라 섬)이 있었는데, 그 족인이 中原으로 들어와 葉氏를 성으로 하였다. 三國 東吳 장군 葉雄이 바로 이 엽조국 사람의 후예였다. 그리고 五代 때 南唐이 閩國을 멸한 뒤 민국의 국왕 王氏의 족인이 화를 피하고자 성씨를 葉으로 바꾸었다. 그리고 淸代 滿洲族 八旗의 納喇氏, 葉赫氏, 葉赫勒氏 등이 모두 중국식 葉氏로 성을 취하였다.

③ 葉氏의 독음

고대 이 '葉'자를 '섭'(Shè)로 읽었으나, 뒤에는 모두 '엽'(Yè)으로 읽는다.

군망(郡望) : 下邳·南陽郡.

역사상 주요 인물

【葉淸臣】 북송 대신.
【葉夢得】 남송초 문학가.
【葉適】 남송 학자.
【葉李】 원대 명신.
【葉向高】 명대 大學士.
【葉盛】 명대 吏部左侍郎.
【葉紹袁】 명대 희곡작가.
【葉名琛】 청대 兩廣總督.
【葉燮】 청대 문학가.
【葉天士】 청말 명의.

## 258
## 幸(Xing): 행

[원류]

⓪ 寵姓, 賞姓과 그 기원이 유사하다. 임금의 총애를 받는 신하를 '幸臣'이라 하며, 그 자손이 이를 영광으로 여겨 성으로 삼은 것으로 보인다.

[군망(郡望)] : 雁門郡.

[역사상 주요 인물]

【幸子豹】동한 朱崖太守.
【幸靈】동진 명의.
【幸南容·幸軾】祖孫 모두 唐代 학자.
【幸寅遜】북송초 鎭國軍行軍司馬.
【幸元龍】남송 鄂州通判.

## 259
## 司(Si): 사

 주로 安徽, 河南, 陝西 등지에 집중적으로 분포함.

[ 원류 ]

① 인명에서 기원

염제 신농씨의 신하로 점복의 일을 담당하는 관직으로 司怪專이라는 자가 있었다. 그 후손이 司자를 취하여 성씨로 삼았다. 춘추시대 晉나라 대부로써 叔虎가 郄 땅에 봉을 받았는데, 그 나라에 司臣이라는 卿士가 있었다. 그 자손이 조상의 이름을 취하여 司씨로 성을 삼았다.

② 희성姬姓에서 기원

春秋시대 鄭(姬姓)나라 공족 대부로써 司成의 자손이 조상의 이름을 성으로 삼아 司씨의 또 다른 근원이 되었다.

③ 관직 이름에서 기원

周나라에 司馬, 司寇, 司徒, 司城 등의 관직이 있었다. 그 후손들 모두가 그 직책 중 司자를 취하여 성씨로 삼았다. 예를 들면 春秋 衛靈公의 아들 公子 郢은 대대로 衛나라 司寇로써 그 후손이 司寇로 성을 삼았다가 뒤에

司자만을 취하여 성씨로 하였다. 程나라 程伯休父도 周 왕실의 司馬였는데, 그 지손의 서손이 司馬를 성씨로 하였다가 줄여서 司씨로 하였다. 그 외 司徒氏, 司城氏 역시 이와 같은 과정을 거쳐 司씨가 되었다.

군망(郡望) : 頓丘郡.

역사상 주요 인물

【司超】 북송초 舒州團練使.
【司庠】 원대 御史.
【司良輔】 원대 학자.
【司軻】 명대 명의.
【司九經】 청대 장군.

## 260
## 韶(Sháo): 소

韶

**원류**

① 악곡樂曲에서 기원

　고대 舜임금 때 악사가 '韶'라는 음악을 지어, 그 음악을 연주하던 세습 악관이 악곡 이름을 성씨로 삼은 것이다.

② 지명에서 기원

　隋나라 때 兩廣에 韶州를 두었는데, 그 지역에 거주하던 사람들이 지명을 성씨로 삼았다.

**군망(郡望)**: 太原郡.

**역사상 주요 인물**

【昭護】명대초 按察僉使.

## 261
## 郜(Gào): 고

郜　주로 鄂(湖北), 豫(河南) 등지에 분포함.

### 원류

① 희성姬姓에서 기원

서주 초 주 무왕이 11번째 아우를 郜(지금의 山東 成武縣 동남)에 봉하였는데 춘추 때 宋나라에게 멸망하자, 그 후손들이 나라 이름을 성으로 삼았다.

② 《路史》에 의하면 이 郜姓 중에 일부는 告姓으로 글자를 줄였다고도 한다.

군망(郡望): 京兆郡.

### 역사상 주요 인물

【郜延年】춘추 宋 대부.
【郜知章】원대 시인.

【郜煜】청대 中書科郎中.
【郜坦】청대 학자.
【郜璉】청대 화가.

## 262
## 黎(Li): 려

> 黎 중국 100大姓의 하나. 200여만 명(현재 중국 전체 인구의 약 0.18%). 주로 廣東, 湖南, 江西, 海南島 등에 분포함.

### 원류

① 축융씨祝融氏에서 기원

黃帝의 후예인 축융씨의 일부가 자신들의 수령인 黎的의 인솔하에 華夏 부락과의 연맹을 이탈하여 江淮 지역에 활동하던 九黎의 三苗와 연합을 맺었다. 堯, 舜, 禹 시대를 거치면서 여러 차례 정벌 대상이 되었으며 결국 구려의 삼묘가 화하 연맹에 굴복하고 말았다. 그러자 구려의 대부분이 남쪽 江漢 지역으로 이주하여 일부는 삼묘를 따라 더욱 서쪽으로 갔고, 일부는 中原에 남았다가 商나라 때 이르러 黎方(지금의 山西 長治市 서쪽)이 되었다. 상나라 武丁이 이 黎方을 멸하자 그 족인이 나라 이름을 성씨로 하여 黎氏가 생겨난 것이다.

② 자성子姓에서 기원

商나라 武丁이 黎方을 멸한 뒤 그 아들을 그 땅에 봉하여 축융씨의 黎民을 다스리도록 하여 黎侯라 불렀다. 이 나라가 상말 周 武王에게 망하자 그 족인이 사방으로 흩어지면서 黎氏를 성으로 하였다.

③ 陶唐氏에서 기원

　서주 초 周 武王이 帝堯의 후손을 子姓의 黎國 옛 땅에 봉하였다. 춘추 중기에 赤狄 潞子國이 이 黎國을 병탄하자, 黎 莊公이 衛나라로 도망하였다. 뒤에 晉나라가 潞子國을 멸하고 다시 黎國을 세워주자, 이들이 북쪽으로 이동하여 黎城(지금의 山西 黎城縣 동북 黎侯城)에 정착하였다. 춘추 말기 黎國이 晉나라에 편입되자 그 유민이 나라 이름을 성씨로 삼은 것이다.

④ 외족의 개성

　선진 시기 九黎族의 대부분은 이미 中原을 떠나 남쪽으로 이동하여 江西, 湖南, 貴州, 廣西 및 越南 등지로 옮겨가 그곳 원주민과 혼합하였으며, 이들이 거쳐간 지역에는 '黎'자의 지명을 남겼다. 한편 北朝 後魏 鮮卑族의 素黎氏가 중원으로 들어오면서 성을 黎氏로 하였다.

군망(郡望) : 京兆郡.

역사상 주요 인물

【黎僑】남조 齊 대장.
【黎景熙】북조 周 車騎大將軍.
【黎淸泰】오대 後周 太子太傅.
【黎貞】명대 시인.
【黎民懷】명대 시인, 서화가.
【黎簡】청대 시인.
【黎庶昌】청말 외교관.

263
薊(Ji): 계

원류

① 희성에서 유래되었다. 西周 초 周 武王이 동성의 족인을 薊(지금의 北京 서남)에 봉하였으나 뒤에 燕나라에게 멸망하자, 그 후손들이 그 봉읍 이름을 성씨로 삼은 것이다.

군망(郡望): 內黃縣.

역사상 주요 인물

【薊子訓】동한 방사, 술사.

## 264
## 薄(Bó): 박

 주로 山東 등지에 집중적으로 분포함.

원류

① 강성姜姓에서 기원

고대 염제 신농씨의 후예로 薄(지금의 山東 曹縣 동남)에 봉해진 자가 있어, 그 자손이 그 읍을 성씨로 삼은 것이다.

② 박고씨薄姑氏에서 기원

商나라 제후 중에 薄姑氏가 있었는데, 그 후손이 薄姑를 성으로 하였다가 줄여서 薄씨라 하였다.

③ 자성子姓에서 기원

春秋시대 宋(子姓)나라 공족 대부 중에 薄邑(지금의 河南 商丘市 북쪽)을 식읍으로 받은 자가 있어, 그 자손이 그 읍을 성씨로 삼은 것이다.

④ 외족의 개성

北朝 後魏 鮮卑族의 薄奚氏가 薄, 奚 두 성을 취하였다.

군망(郡望) : 雁門郡.

역사상 주요 인물

【薄姬】서한 문제의 어머니.
【薄昭】서한 軹侯, 薄姬의 아우.
【薄紹之】남조 宋 서예가.
【薄彦徽】명대 監察御使.
【薄珏】명말 학자.

## 265
### 印(Yin): 인

印 주로 北京, 河北, 上海, 四川 등지에 분포함.

[원류]

ⓞ 희성에서 유래되었다. 춘추시대 鄭 穆公의 아들 륜(睔)이 있었는데 자가 子印이었다. 그 손자 段이 조부의 字를 성씨로 삼았다.

[군망(郡望)]: 馮翊郡.

[역사상 주요 인물]

【印應雷】남송 溫州知州.
【印應飛】남송 鎭江知府.
【印寶】명대 黃州府同知.
【印大猷】명대 知縣.
【印廷寶】청대 화가.

## 266
宿(sù): 숙

 주로 四川 지역에 널리 분포함.

원류

① 풍성風姓에서 기원

서주 초 周 武王이 伏羲氏(風姓)의 후예를 宿(지금의 山東 東平縣) 땅에 봉하여 그 후손들이 나라 이름을 성으로 삼은 것이다.

② 외족의 개성

北朝 後魏의 鮮卑族 宿六斤氏들이 모두 宿씨로 성을 바꾸었으며, 豆根, 劉子文 등도 공을 세워 宿씨의 성을 하사받아 성씨를 이루게 되었다.

군망(郡望) : 東平郡.

### 역사상 주요 인물

【宿倉舒】 동한 上黨太守.
【宿石】 북조 後魏 吏部尙書.
【宿進】 명대 刑部員外郞.

## 267
## 白(Bái): 백

 중국 80大姓의 하나. 350여만 명(현재 중국 전체 인구의 약 0.29%). 주로 四川 북부, 陝西, 山西 등지에 분포함.

### 원류

#### ① 인명에서 기원

염제 신농씨의 신하로 '白阜'라는 자는 물길을 다스리는 데에 정통하였다. 그 자손들이 조상의 이름을 성씨로 하였다. 이 지파는 뒤에 기록에 희미하여 알 수 없다.

#### ② 영성嬴姓에서 기원

춘추 전기 秦(嬴姓) 文公의 아들 公子 白의 후손이 이름을 성씨로 삼았다.

#### ③ 강성姜姓에서 기원

춘추시대 齊(姜姓)나라 귀족 蹇叔이 秦나라에 들어가 秦 穆公의 중신이 되었으며, 그 두 아들 西乞術과 白乙丙도 모두 진나라 장수가 되었다. 백을병은 이름이 丙이며 자가 白乙이었다. 그 서손 지손이 후대 조상의 자를 성씨로 삼아 白씨가 된 것이다.

④ 미성芈姓에서 기원

춘추 후기 楚(芈姓) 平王의 손자 勝이 白邑(지금의 河南 息縣 동북)에 봉해져 白公勝이라 불렸다. 그 후손이 이 읍 이름을 성씨로 삼은 것이다.


⑤ 지명에서 기원

唐나라 때 廣西 博白에 白州를 설치하였다. 그 토착민들이 이에 그 지명을 성씨로 삼았다.


⑥ 외족의 개성

西漢 초 西域 龜玆國 왕이 원래 白山(天山)에 살았던 것을 근거로 성을 백씨로 하였으며, 그 족인이 중원에 들어온 뒤 역시 백씨성을 그대로 사용하였다. 北朝 後魏 때 匈奴의 한 지파 稽胡族이 발전하여 白씨성의 上黨 望族이 되었다. 唐代에 돌궐족·吐谷渾·羌族과 페르시아 사람 중에 백씨성을 가진 자가 있었으며, 청대 만주족 八旗의 瓜爾佳氏·納喇氏·巴雅拉氏·拜佳氏족의 전부 혹 일부가 백씨성을 택하였다.


군망(郡望) : 南陽郡.


역사상 주요 인물

【白起】전국 秦 명장.
【白圭】전국 大商人.
【白居易·白行簡】당대 시인.
【白敏中】당대 재상.

【白文珂】오대 後周 中書令.
【白樸】원대 희곡작가.
【白廣思】명대 장군.
【白英】명대 水利專門家.
【白雲上】청대 서예가.

白居易(772~846)

## 268
## 懷(Huái): 회

 주로 江南과 中原 일대에 분포함.

> 원류

① 무회씨無懷氏에서 기원

고대 중원 지역의 한 부락으로 무회씨가 있어 풍속이 순박하고 안락하게 살았다. 그 후손들이 그 부락 이름의 懷자를 성으로 삼은 것이다.

② 희성姬姓에서 기원

서주 초 周 武王이 그 아우 虞叔을 懷(지금의 河南 武陟縣 서남) 땅에 봉하였으나 계속하여 아들이 晉(山西)로 이주하자, 그 지손의 유민들이 그 땅에 남아 그 지명을 성으로 삼은 것이다. 아울러 춘추시대 懷邑이 鄭나라에 속하자 우숙의 후손들이 그 첫 봉읍 이름을 성씨로 삼은 것이다.

③ 자성子姓에서 기원

춘추시대 宋(子姓)나라 공족 대부로써 懷를 성으로 삼은 자가 있었다.

④ 미성芈姓에서 기원

楚(芈姓) 懷王의 후손이 懷를 성으로 하여 초나라 3대 귀족성, 昭·屈·景과 더불어 4대 귀족 성씨가 되었다.

군망(郡望) : 河內郡.

역사상 주요 인물

【懷叙】 삼국 명인.
【懷應聘】 청대 諸生.

269
蒲(Pú)∶ 포

> 蒲 주로 四川, 重慶 등지에 집중적으로 분포함.

원류

① 포자국蒲子國에서 기원

고대 少昊 金天氏의 후예로 蒲子國(子는 公侯伯子男의 작위)을 세운 이들이 있었다. 그 나라가 망한 뒤 족인이 나라 이름을 성씨로 삼았다.

② 포의국蒲衣國에서 기원

舜임금의 스승이었던 蒲衣가 공을 인정받아 蒲(지금의 山西 隰縣 서북) 땅을 봉지로 받아 蒲衣國을 건설하였다. 그 후손이 나라가 망한 뒤 이를 성씨로 삼은 것이다.

③ 포국蒲國에서 기원

상고 赤狄이 蒲國을 세웠다. 그 귀족의 후대가 역시 나라 이름을 성씨로 삼은 것이다.

④ 규성嬀姓에서 기원

夏나라 초기 舜임금의 후손이 蒲坂(지금의 山西 永濟市 서쪽 蒲州鎭)에 봉을 받았다가 商나라 때 나라가 망하자 그 족인이 나라 이름을 성으로 삼았다.

⑤ 유호씨有扈氏에서 기원

고대 有扈氏가 夏王 啓에게 망한 뒤 서쪽 羌族 지역으로 들어가 대대로 강족의 추장이 되었다. 晉나라 때 서강의 추장 집 연못에 창포(菖蒲)가 다섯 길이나 자랐고, 다섯 마디가 생겨 마치 대나무 같았다. 그 때문에 당시 그 집을 蒲家라 불렀으며, 뒤에 그 후손들이 蒲자를 성씨로 삼게 되었다. 이 포씨의 후손이 十六國 때 前秦의 정권을 세워 한때 苻씨(苻堅)로 성을 바꾸었으나, 나라가 망한 뒤 다시 포씨로 환원하였다.

⑥ 외족의 개성

청대 만주족 八旗의 普佳氏 등이 蒲氏로 성을 바꾸었다.

군망(郡望) : 河東郡.

역사상 주요 인물

【蒲元】 삼국 蜀漢 匠人.
【蒲洪】 동진 명장.
【蒲宗孟】 북송 尙書右丞.
【蒲堯仁】 남송초 知縣.
【蒲道源】 원대 시인.
【蒲宗端】 명대 지현.
【蒲松齡】 청대 문학가.

## 270
## 邰(Tái): 태

邰  주로 北京, 遼寧 등지에 분포함.

〔원류〕

① 희성姬姓에서 기원

周나라 시조 姬棄(后稷)가 有邰(지금의 陝西 武功縣 서남)에 살아 유태씨라 하였으며, 그 후손이 이를 줄여 태씨라 칭하게 되었다.

② 외족의 개성

北朝 後魏 때 大利稽氏들이 모두 邰씨로 개성하였다.

〔군망(郡望)〕: 平盧軍(唐代 平盧節度使를 두었던 곳).

〔역사상 주요 인물〕

【邰端】송대 儒林郞.
【邰綱】명대 縣學訓導.
【邰茂質】명대 효자.

## 271
從(Cóng): 종

從 주로 山東, 河北, 遼寧, 山西, 甘肅, 湖北, 江西 등지 분포함.

**원류**

⓪ 희성에서 유래되었다. 東周 초 平王의 막내아들 精英이 樅(지금의 安徽 桐城縣)에 봉을 받아 대대로 樅侯라 칭하였으며, 그 후손이 그 봉읍으로 성씨를 삼았다가 漢代 장군 樅公의 후손들이 '木'변을 제거하고 '從'으로 성을 삼았다.

**군망(郡望)**: 東莞郡.

**역사상 주요 인물**

【從龍】명대 懷慶知府.
【從貞】명대 安陸衛指揮同知.
【從任】명대 諸生.
【從所向】명대 刑部主事.

## 272
### 鄂(è): 악

鄂 주로 湖北, 江西 등지에 집중적으로 분포함.

**원류**

① 길성姞姓에서 기원

고대 황제 헌원씨 때 姞姓의 후손으로 鄂(지금의 河南 南陽市 북쪽) 땅을 봉지로 받은 자가 있어 夏商 때 제후국이었다. 商末 鄂侯가 西伯(희창), 九侯와 함께 '三公'으로 불렸으며 紂에게 간쟁을 하다가 죽음을 당하였다. 그 후손이 나라 이름을 성씨로 삼은 것이다.

② 희성姬姓에서 기원

춘추 초 晉(姬姓) 袁侯 光曾이 鄂(지금의 山西 鄕寧縣)을 봉지로 받아 그 후손이 봉지를 성씨로 삼은 것이다.

③ 미성芈姓에서 기원

춘추시대 楚(芈姓)나라 왕 熊渠의 아들 摯紅이 鄂(지금의 湖北 鄂州市)을 봉지로 받아 鄂主라 칭하였다. 그 후손이 이에 鄂을 성씨로 삼은 것이다.

④ 외성, 외족의 개성

東漢 때 西南 巴郡의 蠻族 7성 중에 鄂姓이 있었다. 南宋 초 岳飛가 억울하게 죽자, 그 자손이 湖北 鄂州 黃梅 일대로 도망하여 岳자를 성씨로 쓰지 못하고 그 한 지파가 음이 비슷한 '鄂'자를 성씨로 삼았다.

그 외 고대 諤씨가 있었으며, 辰韓 때 역시 '鄂'자로 성씨를 바꾸었다. 西漢 초 平安侯 鄂千秋를 諤千秋로 표기하는 예가 그것이다.

군망(郡望) : 武昌郡.

역사상 주요 인물

【鄂千秋】서한초 安平侯.

## 273
索(Suǒ): 삭

 주로 山西省 일대에 분포함.

### 원류

◎ 자성(子姓)에서 유래되었다. 西周 초 商나라 때의 유민 徐, 條, 蕭, 索 등 여섯 족속이 周公(姬旦)의 장자 伯禽에게 주어져 이들을 중심으로 魯(山東 曲阜)나라를 건립하게 되었다. 索氏는 새끼 줄(끈)을 만드는 繩索 製造 기술을 세습하여 이에 '索'으로 성씨를 삼은 것이다.

### 군망(郡望): 武威郡.

### 역사상 주요 인물

【索班】 동한 명장.
【索靖】 서진 명장.
【索紞】 서진 학자.
【索敞】 북조 後魏 학자.
【索湘】 북송 湖北轉運使.
【索紹】 명대 知縣.

274
咸(Xián): 함

 주로 河北, 山東, 遼寧, 陝西, 內蒙古, 山西 등지에 분포함.

원류

① 인명에서 기원

商나라 때 현신 咸이라는 자가 있어 占卜과 祝禱의 일을 맡아 '巫咸'이라 불렀다. 그 자손들이 조상의 이름을 성씨로 삼아 巫씨와 咸씨가 생겨났다.

② 희성姬姓에서 기원

춘추시대 晉(姬姓) 獻公이 죽고 그 妃 驪姬가 어린 아들 奚齊를 임금으로 세우고자 내란을 일으켰다. 뒤에 해제가 公族의 지위에서 폐위되자 그 후손들을 모두 咸씨라 칭하게 되었다.

군망(郡望): 汝南郡.

### 역사상 주요 인물

【咸宣】 서한 어사.
【咸冀】 당대 명신.
【咸惟一】 명초 학자.
【咸大昌】 명대 江陰縣丞.

## 275
## 籍(Jí): 적

籍

### 원류

① 희성姬姓에서 기원

춘추시대 晉(姬姓)나라 공족 대부로써 손림보(孫林父)의 후손으로 伯黶이란 자가 진나라 공실의 전적과 문헌을 관리하는 직책을 맡았다. 이에 그 후손들이 관직 이름에서 典씨와 籍씨가 생겨나게 되었다.

② 지명에서 기원

先秦시대 衛나라 籍圃라는 지명에 籍水라는 물 이름이 있었으며, 齊나라에는 籍丘라는 지명이 있어 그 곳의 사람들이 모두 籍으로 성씨를 삼은 것이다.

군망(郡望) : 廣平郡.

> 역사상 주요 인물

【籍談】 춘추 晉 대부.
【籍少公】 서한 義士.
【籍馨芳】 명대 효자.

## 276
## 賴(Lài): 뢰

> 賴 중국 100大姓의 하나. 200여만 명(현재 중국 전체 인구의 약 0.18%). 주로 廣東, 廣西, 臺灣 등지에 분포함.

### 원류

① 강성姜姓에서 기원

炎帝 神農氏(姜姓)의 후예로써 四大 支孫이 있어 그 하나는 烈山氏라 하여 商나라 때 厲國(지금의 山西 남부)을 세웠다. 周나라가 들어서자 여국은 河南 鹿邑 동쪽 賴鄕으로 옮겨갔다. 厲와 賴가 음이 비슷하고 고대 통용하여 厲國을 달리 賴國으로 칭하였다. 춘추시대에 이르러 賴國이 楚나라에 복속하게 되었고, 뒤에 다시 남천하여 楚나라 厲(지금의 湖北 隨州市 북쪽 厲山店)로 옮겨갔다. 그 한 지파는 북쪽으로 齊나라 땅 賴亭(지금의 山東 章丘市 서북)으로 옮겨갔으며, 가는 곳마다 賴, 厲 등 고대 자신의 이름을 잃지 않고 결국 賴자를 성씨로 삼게 된 것이다.

② 희성姬姓에서 기원

서주 초 周 武王이 아우 叔穎을 賴亭(지금의 河南 息縣 동북)에 봉하여 賴子國이라 불렀다. 춘추 후기 그 나라가 楚나라에게 망하자, 그 유족이 鄢(지금의 湖北 宜城市)로 옮겨 자신의 고국 이름을 성씨로 삼게 된 것이다.

군망(郡望) : 潁川·河南郡.

### 역사상 주요 인물

【賴先】서한 交趾太守.
【賴文雅】당대 光祿卿.
【賴文俊】남송 지리학자.
【賴良】원대 시인.
【賴瑛】명대 어사.
【賴鏡·賴珍】청대 서화가.

## 277
## 卓(zhuó): 탁

 주로 四川, 廣東, 福建 등지에 분포함.

### 원류

⓪ 미성(芈姓, 楚)에서 유래되었다. 춘추시대 楚 威王의 아들 公子 卓이 있었는데, 그 후손이 그 이름을 취하여 성씨로 삼은 것이다. 전국 후기 이 탁씨의 지파가 북쪽 燕趙 지역으로 이주하였다가 秦나라 때 다시 서쪽 蜀(四川 成都)으로 이주하여 冶鐵로 큰 부를 축적하였다. 西漢 때 卓王孫의 딸 卓文君은 여기에서 나온 것이다.

### 군망(郡望) : 西河·南陽郡.

### 역사상 주요 인물

【卓文君】 서한 才女, 司馬相如의 처.
【卓茂】 동한초 太傅.
【卓田】 남송초 詞人.
【卓琮】 남송 학자.
【卓敬】 명대 良吏.
【卓秉恬】 청대 武英殿大學士.

## 278
## 藺(Lin): 린

藺　주로 四川과 陝西 등지에 분포함.

### 원류

◎ 희성에서 유래되었다. 춘추시대 秦 穆公의 막내아들 成師가 韓(지금의 陝西 韓城市)에 봉을 받아 韓나라를 건립하였다. 이 나라가 뒤에 발전하여 晉나라 六卿의 하나가 되었으며, 晉나라를 삼분하여 戰國七雄에 올라서게 되었다. 그 중 韓 獻子의 현손 康이 趙나라에 벼슬하여 藺(지금의 山西 柳林縣)에 봉을 받아 그 후손이 봉읍을 성씨로 삼은 것이다.

### 군망(郡望) : 中山·華陰郡.

### 역사상 주요 인물

【藺相如】전국 趙 상경.
【藺亮】수대 명장.
【藺敏修】남송초 학자.
【藺以權】명대 應天府尹.
【藺從善】명초 翰林院學士.
【藺芳】명초 工部右侍郞.

## 279
## 屠(Tú): 도

 주로 浙江, 江蘇, 安徽 등지에 분포함.

**원류**

① 치우蚩尤의 후예에서 기원

고대 蚩尤가 黃帝에게 패하자 그 부락의 일부가 鄒, 屠(지금의 山東) 땅으로 이주하여 鄒씨, 屠씨 등으로 분화하였다.

② 자성子姓에서 기원

商나라 舊族 중에 屠씨가 있어 성씨로 삼은 것이며, 이 屠자는 고대 도(荼)와 음이 같아 결국 屠씨, 荼씨로 분화되었다.

③ 직업의 명칭에서 기원

춘추시대 晉나라에 屠宰(屠畜業)로 살던 자들이 그 직업을 취하여 성씨로 삼은 것이며, 晉나라 屠蒯가 바로 그 예이다.

군망(郡望) : 廣平·陳留郡.

역사상 주요 인물

【屠餘】 춘추 晉 太史.
【屠性】 원대 학자.
【屠本畯】 명대 시인.
【屠隆】 명대 문학가.
【屠僑】 명대 左都御史.
【屠仁守】 청대 학자.

〈黃帝蚩尤戰鬪圖〉

## 280
## 蒙(Méng): 몽

 주로 廣東, 貴州 등지에 분포함.

**원류**

① 高陽氏에서 기원

顓頊 高陽氏의 후예로서 夏나라 때 蒙雙(지금의 河南 商丘市 동북)에 봉을 받은 자가 있었으며, 그 후손이 나라 이름을 성으로 삼았다가 줄어 蒙씨라 한 것이다.

② 산 이름에서 기원

주나라 때 蒙山(지금의 山東 중부)의 제사를 담당하던 자가 있어 이를 東蒙主라 하였다. 그 족인이 대대로 그곳에 살아 산 이름을 성으로 취한 것이다.

③ 미성芈姓에서 기원

춘추시대 楚(芈姓)나라 대부 중에 蒙邑(지금의 湖北 荊門市 서쪽)에 봉을 받은 자가 있어 그 후손이 그곳을 성으로 삼은 것이다.

군망(郡望) : 安定郡.

### 역사상 주요 인물

【蒙驁·蒙武】전국말 秦 명장.
【蒙恬·蒙毅】秦 명장.
【蒙詔】명대 御史.
【蒙詢】명대 歸州知州.

## 281
池(chí): 지

 주로 福建, 廣東 등지에 분포함.

[원류]

① 거주지 지명에서 기원

고대 성벽 주위의 해자 물길을 池라 하여 흔히 '城池'라 표현하였다. 이에 그 성시 주위에 살던 사람들이 城씨, 郭씨, 池씨, 園씨 등의 성으로 자칭하게 되었다.

② 영성嬴姓에서 기원

전국시대 秦(嬴姓)나라 공족 중 大司馬의 직책이었던 公子 池가 있었다. 그 지손의 서손들이 조상의 이름을 취하여 성씨로 삼은 것이다.

[군망(郡望)] : 西河郡.

역사상 주요 인물

【池瓊】 한대 명사.
【池顯方】 명대 시인.
【池浴德】 명대 太常少卿.
【池生春】 청대 학자.

## 282
## 喬(Qiáo) : 교

 중국 100大姓의 하나. 220여만 명(현재 중국 전체 인구의 약 0.18%). 주로 河南, 山東 등지에 분포함.

**원류**

① 軒轅氏에서 기원

고대 黃帝 軒轅氏가 죽어 橋山(지금의 陝西 黃陵縣 북쪽)에 묻었다. 황제의 지손 서손이 교산 황제릉을 지키면서 살아 드디어 그 산 이름을 성씨로 삼았다. 北朝 西魏 때 橋達이 魏나라 재상 宇文泰의 명을 받아 木자를 제하고 喬성으로 하였으며 이로써 橋성은 모두 喬성을 글자 표기를 바꾸었다.

② 외족의 개성

漢代 이후 匈奴族의 蘭, 喬, 呼衍, 須卜 4성씨는 모두 흉노의 相國 世家였는데, 그 중 喬姓은 漢化하면서 성씨를 喬姓으로 이어갔다.

**군망(郡望)** : 梁郡.

### 역사상 주요 인물

【橋玄】喬玄: 동한 태위.
【喬智明】十六國 前趙 장군.
【喬勤】북조 後魏 平原內史.
【喬琳】당대 재상.
【喬行簡】남송 재상.
【喬吉】원대 문학가.
【喬宇】명대 禮部尙書.
【喬林】청대 화가.
【喬光烈】청대 湖廣巡撫.

## 283
## 陰(Yīn): 음

 주로 鄂(湖北), 豫(河南), 晉(山西), 陝(陝西) 등지에 분포함.

**원류**

① 도당씨陶唐氏에서 기원

陶唐氏의 후예가 夏商시대에 陰 땅에 봉해졌으며, 周나라 때는 楚나라의 부용국이었다. 나라가 망한 뒤 그 유민이 나라 이름을 성으로 삼은 것이다.

② 희성姬姓에서 기원

춘추시대 周 文王(姬昌)의 셋째 아들 管叔 鮮(姬鮮)의 후예 管夷吾(管仲)가 齊 桓公을 도와 패업을 달성하였다. 그 管仲의 7세손 修가 齊나라로부터 楚나라에 이르러 陰邑大夫에 봉해져 '陰修'라 불렸다. 그 자손이 그 봉지의 이름을 성씨로 삼은 것이다.

**군망(郡望)**: 始興·南陽郡.

### 역사상 주요 인물

【陰子方】서한 효자.
【陰麗華】동한 光武帝 황후.
【陰長生】동한 도사.
【陰鏗】남조 陳 시인.
【陰壽】수대 장군.
【陰幼遇】원초 학자.
【陰秉衡】명대 학자.

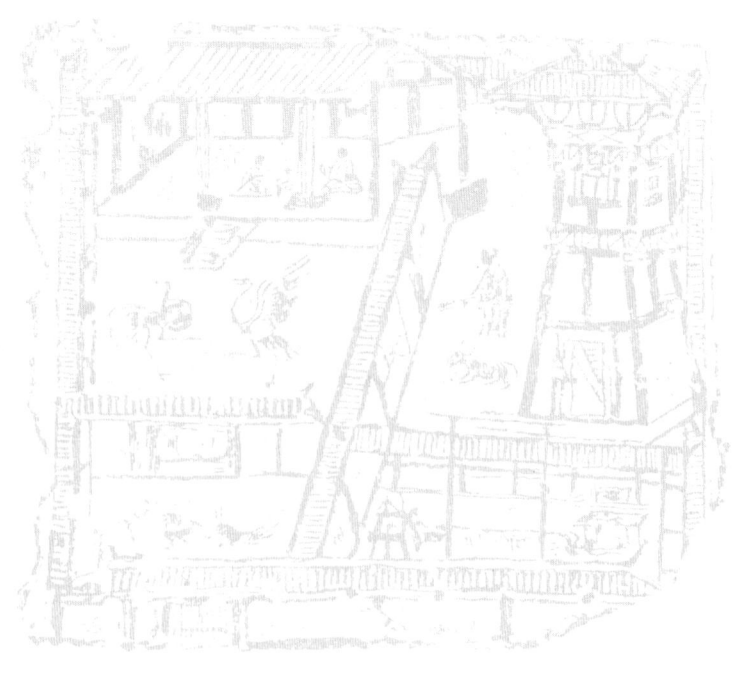

## 284
鬱(Yù): 울

> 원류

① 인명에서 기원

고대 禹임금의 스승이 鬱華였으며, 그 후손들이 그 이름을 취하여 성씨로 삼은 것이다.

② 지명에서 기원

《姓苑》에 의하면 鬱과 蔚은 고대 통용하였으며, 이는 蔚州(지금의 河南 蔚縣)에 살던 사람들이 그 지명을 성씨로 삼은 것이다.

③ 표기 글자의 변화

鬱성은 지금 간화자로 '郁'으로 쓰고 있으나 고대 음으로는 '-t'입성과 '-k'입성으로 전혀 다른 음이었다. 역시 성씨의 유래와 원류도 다르다.

군망(郡望) : 太原郡.

### 역사상 주요 인물

【鬱華】 상고 禹의 스승.
【鬱讓】 명대 潁川衛知事.

## 285
胥(Xū): 서

胥 주로 湖北 등지에 분포함.

[원 류]

① 화서씨華胥氏에서 기원

고대 화서씨는 太昊 伏羲氏의 어머니 집안이었다. 그 후인들이 그 중 '胥'자를 취하여 성씨로 삼은 것이며, 춘추시대 晉나라 대부 胥臣이 바로 화서씨의 후예이다.

② 혁서씨赫胥氏에서 기원

赫胥氏는 고대 炎帝 神農氏가 수령이었던 東夷 부락이었으며, 그 후손들이 그 부락 이름을 취하여 赫씨와 胥씨로 분화되었다.

[군망(郡望)] : 琅琊・吳興郡.

### 역사상 주요 인물

【胥偃】 북송 한림학사.
【胥鼎】 금대 명신.
【胥文相】 명대 南京戶部郎中.
【胥自修】 명말 衢州府敎授.
【胥庭淸】 청대 工部主事.

286
能(Nài): 내

원류

① 미성(羋姓)에서 기원

周 成王 때 楚(羋姓)나라 첫 임금 熊繹의 아들 摯가 夔(지금의 湖北 秭歸縣 동쪽) 땅에 봉을 받아 夔子國이라 하여 초나라 부용국이 되었다. 춘추시대 초나라가 이를 멸하자, 그 나라 사람들이 본래 '熊'씨였으나 화를 피하고자 '灬'를 제하고 '能(내)'로 표기를 바꾸었다.

② 한편 이 '能'자는 고대 '耐'자와 통용하여 성씨일 경우 '능(Néng)'이라 읽지 않고 '내(Nài)'로 읽는다.

군망(郡望) : 太原郡.

### 역사상 주요 인물

【能元皓】당대 節度使.
【能監】명대 良吏.

## 287
## 蒼(cāng): 창

 주로 遼寧 등지에 집중적으로 분포함.

[원류]

① 軒轅氏에서 기원

고대 黃帝 軒轅氏 때 황제의 아들 蒼林이 있었다. 그 후손이 그 이름을 성씨로 삼은 것이다.

② 창씨倉氏에서 기원

황제의 史官으로 倉頡이 있어 처음 문자를 지었다고 한다. 그 후손이 倉씨를 성으로 하였다가, 고대 倉과 蒼은 통용자로 뒤에 蒼자를 많이 쓴 것이다. 倉頡 역시 蒼頡로도 표기하여, 春秋시대 倉葛은 漢代 이후의 기록에는 蒼葛로 표기하는 것이 그 예이다.

③ 高陽氏에서 기원

顓頊 高陽씨에게 才子八人이 있었는데 이들을 八愷라 한다. 그 중 장자의 이름이 蒼舒로써 그 후손이 조상의 이름을 성씨로 삼게 된 것이다.

군망(郡望) : 武陵郡.

역사상 주요 인물

【蒼葛】춘추 시대 인물.

## 288
雙(shuāng): 쌍

雙 주로 河北, 山西, 陝西, 湖南, 安徽, 江西, 臺灣 등지에 일부 분포함.

[원류]

① 고양씨에서 기원

顓頊 高陽氏의 후손 중에 쌍몽성(雙蒙城)에 봉을 받은 자가 있어 이를 성씨로 삼았으며, 일부는 '蒙氏'를 성으로 삼은 후손도 있다.

②《新唐書》에 "夷姓有雙氏"라는 기록으로 보아 달리 쌍씨의 유래가 있는 것으로 여겨진다.

[군망(郡望)]: 天水郡.

[역사상 주요 인물]

【雙泰眞】남조 宋 장수.
【雙士洛】북조 後魏 涼州刺史.
【雙漸】북송 知漢陽軍.

## 289
## 聞(Wén): 문

聞  주로 江蘇, 吉林 등지에 분포함.

### 원류

◎ 문인씨(聞人氏)에서 유래되었다. 춘추시대 魯나라 학자 少正卯는 박학다식하여 많은 무리를 모아 강학하고 있었으며, 그 이름이 원근에 널리 퍼졌다. 뒤에 이 소정묘가 공자에게 죽음을 당하고 나자, 그 후손들이 이 '聞人'으로 성씨를 삼았다가 줄여서 '聞'씨라 한 것이다.

### 군망(郡望): 吳興郡.

### 역사상 주요 인물

【聞良輔】명초 廣東按察使.
【聞淵】명대 吏部尙書.
【聞元晟】청대 시인.
【聞琬】청대 학자.

## 290
## 莘(shēn): 신

[ 원류 ]

### ① 祝融氏에서 기원

고대 祝融氏의 후손이 己, 禿, 彭, 姜, 妘, 曹, 斯, 莘 8개의 성으로 나뉘었는데 그 중 하나가 莘씨였다.

### ② 사성姒姓에서 기원

하나라 초기 夏王 啓가 그 支子를 莘(지금의 陝西 合陽縣 동남)에 봉하였다. 그 莘國이 망하고, 그 족인이 나라 이름을 성씨로 삼은 것이다.

### ③ 우신국有莘國에서 기원

하나라 때 有莘國(지금의 山東 曹縣 서북)이 있어 有莘, 유신(有侁) 등으로 불렸다. 商王 湯이 그 有莘氏의 딸을 아내로 맞았으며, 그들이 성씨를 이어오면서 줄여서 莘이라 한 것이다.

④ 莘姓과 辛姓

《通志》氏族略에 고대 莘과 辛은 통용자로 같은 성씨라 하였다.

군망(郡望) : 天水郡.

역사상 주요 인물

【莘野】명대 知縣.
【莘開】청대 서화가.

## 291
## 党(Dǎng): 당

 주로 陝西에 가장 집중적으로 분포함.

**원류**

① 서강족西羌族에서 기원

하후씨의 한 지파가 서쪽 강족 지역으로 들어가 서강의 한 지파가 되어 대대로 청해, 감숙 일대에서 유목생활을 하였다. 그리하여 그 중 雷씨, 党씨, 不蒙씨가 대성으로 세력을 떨치다가 위진시대에 관중으로 들어왔다.

당지에 남아 있던 이들은 점차 나름대로 세력을 키워 党項씨의 강족이 되었으며, 당대 전기에 吐蕃의 압력에 밀려 북쪽 섬서, 감숙, 청해 일대로 다시 옮겨가게 되었다. 북송 때에는 이 당항 강족이 西夏국을 세웠으며, 그 서하가 망한 뒤 족인이 그대로 당을 성씨로 쓰게 된 것이다.

② 외족의 개성

북조 후위의 탁발씨의 후예로 역시 당씨성이 있다.

③ 党姓과 黨姓

'党'과 '黨'은 같은 성이 아니며 黨성의 黨은 'Zhǎng'으로 읽는다.

군망(郡望) : 馮翊郡.

### 역사상 주요 인물

【党耐虎】十六國 姚秦 部將.
【党進】북송초 虎將.
【党懷英】금대 문학가.
【党成】청대 학자.
【党湛】청대 학자, 효자.

## 292
翟(zhái): 적

翟  주로 山東, 河北 등지에 집중적으로 분포함.

(원류)

① 기성祁姓에서 기원

'Zhái'로 읽을 경우 원래 祁姓에서 유래되었다. 고대 黃帝 軒轅氏의 祁姓 후예가 唐虞 때 翟(지금의 河南 禹州市)에 봉해져 그 후인이 나라 이름을 성으로 삼은 것이다.

② 희성姬姓에서 기원

이 역시 'Zhái'로 읽으며 서주 초 周 成王(姬誦)이 그 둘째 아들을 옛 翟國 구지에 봉하여 그 후손들이 나라 이름을 성으로 삼은 것이다.

③ 외성隗姓에서 기원

이 경우 'Dí'로 읽으며 고대 황제 때 隗姓의 후손이 대대로 북방에 거하여 中原으로부터 北狄이라 불렸다. 춘추 이전에 狄族이 활동하던 지금의 山東, 山西, 河南 등지의 경계선에 살면서 赤狄, 白狄, 長狄 등으로 나뉘었으며, 각기 그 지손들이 중원에 남아 살게 되었다.

춘추시대 白狄의 한 지파가 晉나라에 소멸되자 그 유족이 翟자를 성씨로 쓰게 된 것이다. 고대 翟과 狄은 통용자였다.

군망(郡望) : 南陽·汝南郡.

역사상 주요 인물

【翟方進】 서한 승상.
【翟湯】 동진 명사.
【翟讓】 수말 瓦崗軍首領.
【翟興·翟進】 형제 모두 남송초 명장.
【翟鵬】 명대 병부상서.
【翟鳳翥】 청대 布政使.
【翟大坤】 청대 화가.

## 293
## 譚(Tán): 담

중국 80大姓의 하나. 400여만 명(현재 중국 전체 인구의 약 0.34%). 주로 四川, 湖南, 江西, 廣東, 廣西 등지에 집중적으로 분포함.

### 원류

① 영성嬴姓에서 기원

少昊 金天氏의 후예 伯益이 禹의 치수 사업을 도운 공으로 嬴姓을 받았다. 백익의 후손으로 周나라 十四國 중 譚子國(지금의 山東 章丘市 서쪽 城子厓)을 세웠다. 춘추시대 이 담자국이 齊 桓公에게 망하여 담자가 거(莒)로 도망하였다. 이에 그 유민이 나라 이름을 성씨로 삼은 것이다.

② 희성姬姓에서 기원

상말, 周 文王이 그 서자를 原(지금의 甘肅 隴西縣 북쪽)에 봉하였다. 이 봉지를 다시 河南 濟原市 原鄕으로 옮겨 商나라 유족을 제어하고자 하였다. 東周 초 周 平王이 原國의 옛 땅을 鄭나라 사람 蘇忿生에게 주자, 原伯은 할 수 없이 동쪽 지금의 河南 原陽縣 서쪽 原武鎭으로 이동하였다. 춘추 초두 原國이 차례로 晉나라와 鄭나라에게 망하자, 周 襄王이 조정에 관직을 가졌던 原伯毛를 譚(지금의 河南 武涉縣 서쪽) 땅을 식읍으로 주어 譚伯이라 불렀다. 이 담백의 후손이 그 식읍 이름을 성으로 삼은 것이다.

③ 외성, 외족의 개성

　周나라 대부 籍譚의 후손들이 秦漢 교체기에 項籍(項羽)의 이름을 피하여 籍씨를 譚씨로 바꾸었다. 그리고 고대 巴南(지금의 雲南, 貴州 일대) 六姓 중 담씨가 있었으며, 이들은 자칭 盤古氏의 후손이라 하였다. 오늘날 湖南, 廣東, 廣西 지역의 담성은 대부분 고대 巴蠻의 담씨 후손들이다.

④ 譚氏 계열의 성씨들

　譚과 覃·潭·鐔·賵 등 다섯 글자는 고대 음이 비슷하고 형태도 비슷하여 5개 姓으로 분화되었다. 한편 譚姓은 고대 郯姓으로도 표기하였다.

군망(郡望) : 齊郡·弘農郡.

역사상 주요 인물

【譚峭】오대 南唐 煉丹家.
【譚世勣】북송말 명신.
【譚綸】명대 抗倭명장.
【譚元春】명대 문학가.
【譚獻】청대 詞人.
【譚廷襄】청대 명신.
【譚嗣同】청말 維新派首領.

## 294
### 貢(Gòng): 공

[원류]

① 단목씨端木氏에서 기원

춘추 시대 衛나라 사람으로 端木賜라는 자가 있어 자가 子貢이었다. 바로 孔子 四大弟子의 하나로 한 때 魯나라 재상을 지내기도 하였으며 말솜씨와 경영에 뛰어났었다. 그 후손들이 그 자를 취하여 성씨로 삼은 것이다.

② 개성한 경우

《漢書》朱博傳에 의하면 贛씨가 바로 貢씨라 하였으며 이에 따라 子貢을 문헌에 따라서는 子贛으로 표기한 경우도 있고 漢나라 때 '贛遂'는 표기에 따라 '貢遂'로 적기도 한다.

[군망(郡望)]: 廣平郡.

**역사상 주요 인물**

【貢禹】 서한 御史大夫.
【貢祖文】 남송초 장수.
【貢奎】 원대 集賢直學士.
【貢師道】 원대 학자.
【貢徵】 명대 良吏.

## 295
勞(Láo): 로

 주로 廣東, 廣西와 山東 지역에 분포함.

원류

◎ 山의 이름을 취한 것이다. 지금 山東 靑島市에 嶗山은 고대 勞山이라 칭하였다. 西漢 때 그곳에 살던 사람들이 이 산 이름을 성씨로 삼은 것이다.

군망(郡望) : 武陽郡.

역사상 주요 인물

【勞諲】북송 京東轉運使.
【勞鉞】명대 湖州府知府.
【勞堪】명대 副都御史.
【勞權】청대 학자.
【勞崇光】청대 兩廣總督.

## 296
## 逄(Páng): 방

 주로 山東, 遼寧, 湖南, 貴州 등지에 분포함.

**원류**

ⓞ 글자가 비슷하여 흔히 방(逄)자를 봉(逢)으로 써 두 성씨가 생겨났다. 逄씨는 원래 炎帝 神農氏에서 유래되었다. 夏나라 때 염제의 후예 逄蒙(逄蒙)이 유궁씨의 후예에게 활쏘기를 배워 그 이름이 났으며 이에 봉을 성씨로 삼았다. 한편 商나라 초기 염제의 후예 陵이라는 자가 逄(지금의 山東 북부)에 봉을 받아 逄伯陵이라 불렸다. 商末 逄나라가 망하자 그 나라 유민들이 나라 이름을 성씨로 한 것이며, 南北朝 후기에 逢姓은 모두 逄姓으로 표기를 바꾸었다.

**군망(郡望)**: 譙郡・北海郡.

**역사상 주요 인물**

【逄丑父】 춘추 齊 대부.
【逄同】 춘추 越 대부.
【逄滑】 춘추 陳 대부.

【逢萌】동한초 명사.
【逢紀】동한말 명사.
【逢龍】남송말 義士.

## 297
## 姬(Jī): 희

 주로 山東, 河南 등지에 분포함.

### 원류

⓪ 軒轅氏에서 유래되었으며, 중국의 가장 오래된 성씨 중의 하나이다. 黃帝 부락이 처음 姬水 유역에서 활동하여 그 물 이름을 성으로 삼았다고 하며 모계사회에서 출발하였음을 알 수 있다.

그 후손 중 后稷(姬棄)이 周민족(부락)의 領袖가 되어 대를 이어오다가 드디어 周나라를 건국하여 왕실의 성이 되었으며, 서주 초 각지 제후국을 봉할 때 姬姓의 공족이 53개국이나 되었다고 한다. 그 뒤 支孫의 庶孫은 직접 적자의 성을 가질 수 없게 되자 조상의 이름이나 자, 지명, 관직명 등을 성씨로 삼아 도리어 희성의 수가 생각만큼 많지 않게 되었다.

唐 玄宗(李隆基)의 이름 '基'자가 '姬'자와 음이 비슷하여 이를 피휘하여 '姬'성을 '周'성으로 바꾸어 더욱 줄어들게 되었다.

### 군망(郡望): 南陽郡.

**역사상 주요 인물**

【姬昌】周文王.
【姬發】周武王.
【姬常】동한 衛公.
【姬澹】북조 後魏 信義將軍.
【姬汝作】금대 北山招撫使.
【姬珪】명대 知府.

〈武王〉(周)　　〈文王〉(周)

## 298
## 申(shēn): 신

 주로 河南, 山東 등지에 집중적으로 분포함.

원류

① 강성姜姓에서 기원

두 갈래로 나눌 수 있다.
첫째, 炎帝 神農氏의 후손이며 동시에 商나라 때 孤竹國 伯夷의 후손이 西周 초 申(지금의 山西와 陝西 경계 지역)에 봉해졌으나 그 뒤에 쇠락하여 드러나지 못하다가, 周 宣王 때 申人의 한 지파가 中原으로 진출하여 申伯이 주 선왕의 외삼촌이 되었다. 이에 다시 謝(지금의 河南 南陽市)에 봉해지자 申國을 재건하였다. 춘추 초 신국이 楚나라에게 멸망하자, 그 유족의 일부는 그 자리에 잔류하였지만 그 나머지는 동쪽 지금의 河南 信陽과 方城 일대로 이주하여 대부분 옛 나라 이름을 성씨로 삼게 되었다.
한편 산서와 섬서 사이에 남아 있던 고대 신국의 유민들은 西申, 혹은 申戎, 또는 姜氏之戎이라 불리다가 서주 말 犬戎과 연합하여 周나라를 공격하여 西周의 멸망을 초래하였다. 그 뒤 이 나라도 秦나라에 멸망하자 그 자손이 신씨를 성씨로 하였다.
둘째, 周나라 때 炎帝의 후예가 申(지금의 上海市 일대)에 봉을 받아 申伯呂라 하였다. 그 나라가 망한 뒤 유민들이 申을 성씨로 하였다.

② 미성芈姓에서 기원

　전국시대 楚(芈姓)나라 春申君 黃歇이 원래 黃國(지금의 河南 潢川縣)을 봉지로 받았다가 뒤에 지금의 江蘇 蘇州로 봉지를 옮기게 되었다. 그 봉지의 소재지가 본래 申 땅이었으므로 후에 申 자를 성씨로 삼았다. 지금의 上海 별칭이 申이며, 黃浦江을 일명 春申江이라고도 하여 줄여 申江이라고도 한다. 이는 모두 춘신군과 연관이 있다. 이에 춘신군의 서손 지손이 申 자를 성으로 하였던 것이다.

군망(郡望) : 琅琊 · 魏郡.

역사상 주요 인물

【申包胥】춘추 越 대부.
【申不害】전국 魏 재상.
【申培】서한초 학자.
【申文炳】오대 後周 한림학사.
【申漸高】오대 南唐 伶官.
【申時行】명대 재상.
【申朝紀】청대 巡撫.

## 299
扶(Fú): 부

[원류]

① 부등씨扶登氏에서 기원

夏나라 禹王의 신하로 扶登이 있었는데, 그 후손이 조상의 이름을 성씨로 삼았다.

② 賜姓

서한 초 巫師 이름이 嘉라는 자가 있어 매우 영험하여 漢 高祖 劉邦의 신임을 받았다. 이에 廷尉 벼슬을 얻게 되었고 성을 扶氏라 내려주었다. 그 후손이 이를 성씨로 삼은 것이다.

[군망(郡望)]: 河南郡.

역사상 주요 인물

【扶少明】동한 학자.
【扶猛】북조 周 羅州刺史.
【扶克儉】명대 刑部右侍郎.

## 300
## 堵(Dǔ): 도

**원류**

⊙ 姬姓에서 유래되었다. 춘추시대 鄭나라 대부 중에 泄寇와 叔詹, 師叔 세 사람은 '三良'으로 추앙을 받았으며, 堵邑(지금의 河南 方城縣)에 봉을 받아 泄堵寇, 堵叔이라고도 불렸다. 그 후손들이 그 봉읍을 성씨로 삼은 것이다.

**군망(郡望)** : 河南·河東郡.

**역사상 주요 인물**

【堵簡】원말 江浙行省檢校官.
【堵允錫】명말 長沙府知府.
【堵霞】청대 才女.

## 301
## 冉(Rǎn): 염

 주로 四川, 貴州, 河北 등지에 집중적으로 분포함.

원류

① 高辛氏에서 기원

고대 제곡(帝嚳) 高辛氏가 여덟 부락으로 나뉘었는데, 그 중 하나가 冉氏였다.

② 희성姬姓에서 기원

서주 초 周 文王의 10번째 아들 季戴가 聃(지금의 河南 開封市)을 봉지로 받아 나라를 세웠으나 춘추시대 鄭나라에게 망하고 말았다. 그 후손이 봉읍을 성씨로 삼아 담씨(聃氏)라 하였다가, 뒤에 '耳'를 제하고 염씨(冉氏)로 성을 삼게 되었다.

③ 미성芈姓에서 기원

춘추시대 楚(芈姓)나라 대부 叔山冉의 후손이 두 갈래로 나뉘어, 하나는 叔山氏가 되고 하나는 冉氏가 되었다.

④ 외족의 개성

漢代 염방(冉駹)의 羌族이 四川 茂汶 일대에 살면서 그 족인의 이름을 취하여 冉氏라 하였다. 또 한 漢代 巴國의 獽族이 長江 三峽에 살면서 獽과 冉이 음이 비슷하여 많은 이들이 冉氏를 성으로 하였다.

군망(郡望) : 武陵郡.

역사상 주요 인물

【冉求・冉季・冉耕・冉雍・冉孺】 춘추 공자제자.
【冉閔】 十六國 魏 황제.
【冉安昌】 당대 招慰使.
【冉虛中】 남송 內江令.
【冉通】 명초 兵科都給事中.

302
宰(zǎi): 재

원류

◎ 원래 희성에서 유래되었다. 周나라 때 太宰(宰父)라는 직책을 두어 왕실 내외의 사무를 관장하도록 하였다. 이의 직위는 六卿의 최고로 그 자손이 조상의 官名을 성씨로 삼은 것이다.

군망(郡望): 西河郡.

역사상 주요 인물

【宰予】춘추 魯 공자제자.
【宰應文】명대 효자.

303
酈(Li): 력

 주로 長江 유역과 浙江省 등지에 분포함.

원류

① 軒轅氏에서 기원

夏나라 초기 黃帝 軒轅氏의 후손으로 酈(지금의 河南 內鄉縣 동북)에 봉해진 자가 있었다. 나라가 망한 뒤 그 유족이 나라 이름을 성으로 삼은 것이며, 《通志》氏族略에는 "혹 '孋'로도 표기한다"고 하였다.

② 희성姬姓에서 기원

酈戎族은 西戎의 한 갈래로 姬姓이며 驪山(지금의 陝西 臨潼縣 동남)에 거주하여 성씨로 삼은 것이다. 고대 酈, 驪, 麗, 孋 등은 모두 상통되는 글자로 驪山 역시 麗山, 酈山으로도 표기하며 驪氏는 곧 酈氏인 것이다.

군망(郡望): 新蔡郡.

### 역사상 주요 인물

【酈食其】'력이기'로 읽음. 서한초 모사.
【酈炎】동한 학자.
【酈道元】북조 後魏 關右大使, 지리학자,《水經注》찬술.
【酈權】금대 학자.
【酈滋德】청대 시인.

## 304
## 雍(Yōng): 옹

雍 주로 四川, 寧夏 두 지역에 분포함.

원류

① 희성姬姓에서 기원

서주 초 周 文王의 13째 아들이 雍(지금의 河南 沁陽縣 동북)에 봉해져 雍伯이라 불렸다. 그 지손의 서손이 나라 이름을 성으로 삼은 것이다.

② 길성姞姓에서 기원

서주 초 주 무왕이 黃帝의 후예 중 姞姓을 가진 자를 雍丘(지금의 河南 杞縣)에 봉하여 杞國을 세웠다. 춘추시대 기국이 楚나라에게 망하자, 유민들이 나라 이름을 성씨로 삼은 것이다.

군망(郡望): 京兆郡.

### 역사상 주요 인물

【雍齒】서한 什邡侯.
【雍陶】당대 학자.
【雍沖】북송 太學生.
【雍泰】명대 南京戶部尙書.
【雍熙日】명대 바둑 國手.

305
郤(xì): 극

郤 주로 陝西省에 집중적으로 분포함.

원류

① 희성姬姓에서 기원

춘추시대 晉(姬姓) 獻公이 공족 자제 중에 叔虎를 극읍(郤邑, 지금의 山西 沁水 하류일대)에 봉하여 郤子라 칭하였으며, 그 후손들이 봉읍을 성씨로 삼은 것이다.

② 극성郄姓에서 기원

일설에 고대 郄성에서 유래되었다고도 한다. 고대 '郄'과 '郤'은 같은 음으로 서로 통용하여 표기하였다.

군망(郡望) : 濟陰郡.

> 역사상 주요 인물

【郤芮·郤缺·郤克·郤至】 춘추 晉 대부.

【郤巡】 동한 학자.

【郤正】 삼국 蜀漢 巴西太守.

【郤詵】 서진 雍州刺史.

【郤永】 명대 장수.

## 306
## 璩(Qú): 거

 주로 湖南 등지에 분포함.

[원류]

⓪ 거성(蘧姓)에서 글자가 바뀐 것이다. 춘추시대 衛나라 대부 蘧伯玉은 이름은 원(瑗), 자는 伯玉으로 거읍(蘧邑)에 봉을 받아 蘧瑗으로 불렸다. 그 후손들이 봉읍을 성씨로 삼은 것이며 蘧자가 변하여 璩가 되었다. 璩의 뜻은 고대 공경 대부들이 몸에 차고 다니던 패옥을 뜻하며 蘧瑗을 시조로 삼고 있다.

[군망(郡望)] : 黎陽・豫章郡.

[역사상 주요 인물]

【璩光岳】 명대 학자, 서예가.
【璩伯崑】 명말 廣東道 御史.

## 307
### 桑(sāng): 상

 주로 山東, 河南, 江蘇, 四川 등지에 분포함.

**원류**

① 승상씨承桑氏에서 기원

炎帝 神農氏가 承桑氏의 딸을 아내로 맞았으며, 그 승상씨의 후손이 '桑'자를 취하여 성씨로 삼은 것이다.

② 금천씨金天氏에서 기원

少昊 金天氏가 窮桑(지금의 山東 曲阜市 북쪽)에 거하였으며, 이 지역을 근거로 帝位에 오르게 되었다. 지명을 취하여 궁상씨를 성씨로 하였는데 그 후손이 이를 줄여 桑씨라 하였다.

③ 영성嬴姓에서 기원

춘추시대 秦(嬴姓) 穆公의 손자 枝는 자가 子桑이었는데, 그 支孫의 庶孫이 조상의 자를 성으로 삼은 것이다.

군망(郡望) : 黎陽郡.

역사상 주요 인물

【桑弘羊】 서한 御史大夫.
【桑欽】 서한 학자.
【桑沖】 서진 黃門郞.
【桑維翰】 오대 後晋 대신.
【桑懌】 북송 장수.
【桑春】 명대 학자.
【桑春榮】 청대 형부상서.

## 308
### 桂(Gui): 계

桂 주로 湖南, 安徽 등지에 분포함.

**원류**

① 고대 계국桂國에서 기원

지금의 湖南 桂陽縣 일대에 고대 桂라는 나라가 있었다. 그 나라가 망하고 그 유민들이 나라 이름을 성씨로 삼은 것이다.

② 희성姬姓에서 기원

先秦시대 魯(姬姓)나라 공족 季孫氏의 후대로 季貞이 있어 秦나라 박사가 되었다. 秦始皇의 焚書坑儒에 피살되자, 그 아우 계휴(季眭)가 난을 피하여 네 조카와 함께 각기 계(桂), 계(昋), 계(昋, 계로 읽음), 계(炔)의 음은 같으나 서로 다른 글자를 택하여 성으로 삼았다.

**군망(郡望)**: 天水郡.

[역사상 주요 인물]

【桂褒】한대 揚州刺史.
【桂卿】오대 南唐 대신.
【桂彦良・桂瑮】명초 학자.
【桂馥】청대 학자.
【桂中行】청대 湖南按察使.

309
濮(Pú): 복

濮 주로 江蘇 등지에 분포함.

[원류]

① 高陽氏에서 기원

고대 顓頊 高陽氏의 후손 陸終의 후예가, 濮水(지금의 河南 濮陽市)에 살면서 濮陽을 성씨로 하였다가 줄여서 濮氏라 하게 된 것이다.

② 有虞氏에서 기원

고대 舜임금(有虞氏)의 후손이 濮水 유역에 살면서 역시 복씨를 성씨로 삼게 되었다.

③ 희성姬姓에서 기원

춘추시대 衛(姬姓)나라 대부 중에 濮邑(지금의 河南 濮陽市 동쪽 濮城)을 식읍으로 받아 그 후손이 지명을 성씨로 삼게 되었다.

④ 웅씨熊氏에서 기원

춘추 시대 長江과 漢水 일대에 살던 百濮氏는 원래 熊氏에서 나왔으며 楚나라와 同姓이었다. 그 족인이 족명을 성씨로 삼은 것이다.

군망(郡望) : 魯郡.

역사상 주요 인물

【濮萬年】 남송 화가.
【濮鑑】 원대 將仕郞.
【濮英】 명처 장군.
【濮仲謙】 청대 竹刻예술가.
【濮璜】 청대 화가.

## 310
## 牛(Niú): 우

牛 주로 陝西, 遼寧, 河北 등지에 분포함.

### 원류

① 자성子姓에서 기원

　西周 후기 宋(子姓)나라 공족 대부 중에 우보(牛父)라는 자가 司寇의 벼슬에 올라 狄人의 침입에 맞서 싸우다가 전사하였다. 이에 그 자손들이 조상의 이름을 취하여 성으로 삼은 것이다.

② 한편 三國 魏나라 때 牛金이 권신 司馬懿에게 피살당하자, 그 후손들이 다른 곳으로 피신하여 그 선조 중에 牛宜僚의 이름을 근거로 개성하여 僚氏로 고치기도 하였다.

③ 北朝 때 安定 사람 僚允이 後魏의 侍中이 되어 조정에서 다시 옛날 성씨로 회복하여 牛氏로 고쳤다.

군망(郡望) : 隴西郡.

역사상 주요 인물

【牛翦】 전국 趙 상군.
【牛金】 삼국 魏 명장.
【牛弘】 후대 吏部尚書.
【牛僧孺】 당대 재상.
【牛皋】 남송초 명장.
【牛金星】 명말 李自成의 참모.
【牛鈕】 청대 內閣學士.

## 311
### 壽(shòu): 수

 주로 江西, 浙江, 湖北, 河北 등지에 분포함.

원류

① 팽성彭姓에서 기원

상고시대 壽星 彭祖의 후예가 그 조상의 長壽를 기려 '壽'자를 성씨로 삼았다.

② 희성姬姓에서 기원

西周 初 周 太王(古公亶父)의 아들 仲雍의 증손 周章이 吳(지금의 江蘇 蘇州)에 거하면서 吳나라를 세웠다. 춘추시대 주장의 14세손 壽夢이 吳王을 칭하면서 제후국의 반열로 인정받았다. 그 지손 서자의 후손이 조상의 이름을 취하여 '壽'자로 성을 삼은 것이다.

군망(郡望): 京兆郡.

[역사상 주요 인물]

【壽光侯】 동한 방사.
【壽良】 서진 散騎常侍.
【壽儒】 명대 진사.
【壽同春】 청대 知縣.

## 312
通(Tōng): 통

通

원류

① 파성巴姓에서 기원

춘추시대 巴國의 대부가 通川(지금의 四川 達川市)에 봉을 받은 자가 있어 그 후손이 지명을 성으로 삼은 것이다.

② 외성의 개성

서한 초 공신 중에 徹侯의 작위를 받은 자가 있어 그 작위 '徹'자를 성으로 삼았으나, 武帝 劉徹의 이름을 피하여 '徹'자와 의미가 같은 '通'자를 취하여 성으로 삼은 것이다.

군망(郡望): 西河郡.

역사상 주요 인물

【通仁】 명대 良吏.

## 313
邊(Biǎn) : 변

 주로 江西 등지에 분포함.

[원류]

① 고대 변국邊國에서 기원

商나라 때 제후국 중 邊나라가 있어 邊伯이라 하였다. 그 후손들이 나라이름을 성으로 삼은 것이다. 東周 襄王 때 대부 邊伯이 바로 그 후손이다.

② 자성子姓에서 기원

춘추 후기 宋(子姓) 平公의 아들 城(일명 御戎)의 자가 子邊이었으며 내란 중에 살해되었다. 이에 그 후손 앙(卬)이 大司徒에 임명되자 조상의 자를 취하여 성으로 삼아 邊卬이라 불렀다. 그 후손들이 이를 성으로 삼은 것이다.

[군망(郡望)] : 隴西·陳留郡.

역사상 주요 인물

【邊韶】 동한 학자.
【邊鳳】 동한 京兆尹.
【邊讓】 동한말 九江太守.
【邊鸞】 당대 화가.
【邊鎬】 오대 南唐 장수.
【邊知白】 남송초 吏部尙書.
【邊貢】 명대 戶部尙書.
【邊壽民】 청대 서화가.

## 314
### 扈(Hù): 호

 주로 遼寧, 河北 등지에 분포함.

**원류**

① 사성姒姓에서 기원

夏나라 때 禹(姒姓)임금의 후예 중 한 지파가 扈(지금의 陝西 戶縣 북쪽)에 봉을 받아 扈國을 세웠다. 이들이 하나라 말기 멸망하자 그 유족이 나라 이름을 성으로 삼은 것이며, 혹 '邑'자를 제하고 '戶'자를 써서 성으로 표기하기도 하나 같은 원류이다.

② 외족의 개성

北朝 後魏 때 鮮卑族 扈地干氏가 中原으로 들어와 扈, 干 두 성으로 바꾸었다.

**군망(郡望)** : 京兆郡.

### 역사상 주요 인물

【扈雲】서한 車騎將軍.
【扈謙】동진 術士.
【扈蒙·扈載】형제 모두 五代 北宋初 한림학사.
【扈再興】남송초 명장.
【扈暹】명대 鳳翔府知府.

## 315
## 燕(Yān): 연

燕 주로 山東 등지에 분포함.

① 길성姞姓에서 기원

황제 헌원씨 姞姓의 후예에 백숙(伯儵)이 商湯에 의해 燕(지금의 河南 延津縣 동북)에 봉해져 南燕國이라 불렸다. 뒤에 나라가 망하고 그 후손들이 나라 이름을 성씨로 삼은 것이다.

② 희성姬姓에서 기원

서주 초 周 武王이 그 아들 召公 奭(姬奭)을 연에 봉하여 도읍을 薊(지금의 北京市)로 정하여 北燕國이라 하였다. 전국 말 연나라가 秦始皇에 의해 망하자, 그 유족이 나라 이름을 성으로 삼은 것이다.

③ 외족의 개성

五胡十六國의 鮮卑族 慕容氏가 차례로 前燕, 後燕, 南燕, 北燕 등 네 나라를 세웠다. 그 왕족의 지손 서손이 나라가 망한 뒤 나라 이름을 성으로 삼았다. 그리고 唐나라 때 한국의 百濟에 燕氏가 있었으며 백제의 대성이었다.

군망(郡望) : 范陽·上谷郡.

역사상 주요 인물

【燕伋】 춘추 공자제자.
【燕崇】 북조 後魏 학자.
【燕榮】 수대 靑州總管.
【燕肅】 북송 명신.
【燕文貴】 북송 화가.
【燕善】 명대 良吏.

## 316
## 冀(Jì): 기

 주로 산서 등지에 취락을 이루고 있음.

[원류]

① 陶唐氏에서 기원

西周 초 堯(陶唐氏)의 후손이 冀(지금의 山西 河津市 동북) 땅을 봉지로 받아 나라를 세웠으나, 춘추시대 虞나라에게 망하고 말았나. 그 후손이 나라 이름을 성씨로 삼게 된 것이다.

② 희성姬姓에서 기원

춘추시대 晉(姬姓)나라가 虞나라를 멸하고 그 고대 冀 땅을 冀邑으로 하였다. 그리고 대부 郤芮에게 그 땅을 식읍으로 주어 郤芮는 이 때문에 冀芮로 불렸다. 그 서손의 지손이 그 봉읍을 성씨로 삼게 된 것이다.

[군망(郡望)]: 渤海郡.

### 역사상 주요 인물

【冀儁】북조 周 樂昌侯.
【冀禹錫】금대 尙書省都事.
【冀元亨】명대 학자.
【冀練】명대 戶部侍郞.
【冀如錫】청대 工部尙書.

## 317
## 郟(Jiá): 겹

郟 주로 河南, 浙江, 江蘇 등지에 집중적으로 분포함.

원류

① 희성姬姓에서 기원

서주 초 周 成王(姬誦)이 九鼎의 郟鄏(지금의 河南 洛陽市 北邙山)에 가져다 놓자, 그 지손 서손이 그곳으로 옮겨 살면서 郟씨로 성씨를 삼았다.

② 지명에서 기원

춘추시대 鄭나라 대부 張이 그 조상이 郟(지금의 河南 郟縣)에 봉을 받았던 것을 기려 그 땅 이름을 성씨로 삼아 郟張이라 불렀다. 그 자손이 이를 이어받아 겹을 성씨로 하였으며 뒤에 武陵郡으로 옮겨 그곳의 望族이 되었다.

③ 미성羋姓에서 기원

춘추시대 楚(羋姓) 共王의 손자 員의 자가 敖였으며, 즉위하자 곧 그 숙부 公子 圍에게 죽고 말아 이를 郟敖라 불렀다. 그 지손 서손이 드디어 겹을 성씨로 삼은 것이다.

군망(郡望) : 滎陽・武陵郡.

### 역사상 주요 인물

【郟亶・郟僑】부자 모두 북송 水利學家.
【郟元鼎】남송 학자.
【郟掄逵】청대 화가.

## 318
## 浦(Pǔ): 포

浦 주로 浙江, 江西 등지에 분포함.

### 원류

◎ 강성(姜姓)에서 발원하였다. 춘추시대 齊(姜)나라 공족 중에 晉나라로 도망하여 대부가 되어 浦邑에 봉을 받은 자가 있어 그 후손들이 지명을 성씨로 삼은 것이다.

### 군망(郡望): 京兆郡.

### 역사상 주요 인물

【浦仁裕】삼국 魏 학자.
【浦選】서진 尙書令.
【浦鏞】명대 御史.
【浦源】명대 시인, 화가.
【浦南金】명대 학자.
【浦起龍】청대 학자.

## 319
## 尙(shàng): 상

 주로 河南, 河北, 靑海 등지에 분포함.

[원류]

① 강성姜姓에서 기원

서주 초 제나라에 봉을 받아 시조가 된 姜太公(呂尙)이 한편 周나라 太師 벼슬을 하고 있어 '太師尙父'라 불렀으며, 줄여서 흔히 사상보(師尙父) 혹은 상보라고도 하였다. 그 지손 서손이 이에 그 尙자를 취하여 성으로 삼은 것이다.

② 관직 이름에서 기원

秦나라에 尙衣, 尙食, 尙冠, 尙席, 尙沐, 尙書 등 소위 '六尙'의 관직이 있어 궁중의 의복, 음식, 모자, 자리, 목욕, 서적을 관리하였다. 그 후손이 이에 尙자를 취하여 성씨로 삼은 것이다.

한편 唐나라 神策大將軍 宇文可孤는 공을 세워 檢校尙書 右僕射의 벼슬을 얻게 되자 스스로 관직 이름을 취하여 尙可孤라 하였으며, 그 후손이 尙자를 성으로 취하여 이어갔다.

군망(郡望) : 京兆・上黨郡.

역사상 주요 인물

【尙長道】 북송 시인.
【尙野】 원대 國子祭酒.
【尙仲賢】 원대 희곡작가.
【尙達】 명대 岳陽令.
【尙衡】 명대 工科給事中.
【尙可喜】 청초 平南王.

〈姜太公〉

320
農(Nóng): 농

 주로 廣東, 廣西 지역에 분포함.

원류

◎ 神農氏에서 유래되었다. 西周 초기 炎帝 神農氏의 후손을 불러 '農正官'으로 삼아, 이들로 하여금 농업생산과 풍년의 기도 등에 관한 업무를 맡겼다. 그 후손들이 이를 성씨로 삼은 것이다.

군망(郡望) : 雁門郡.

역사상 주요 인물

【農益】 명대 학자.
【農猷】 명대 淳安令.
【農高】 명대 擧人.
【農志科】 명대 靖州學正.

## 321
## 溫(Wēn): 온

> 溫 주로 廣東 등지에 집중적으로 분포함.

### 원류

① 기성己姓에서 기원

고대 顓頊 高陽氏의 己씨 성의 후예에 溫을 성씨로 한 자가 있었다.

② 희성姬姓에서 기원

서주 초 周 武王이 그 아들 叔虞를 당 땅에 봉하여 唐叔虞라 불렀다. 그 후손이 다시 溫(지금의 河南 溫縣)에 봉해진 자가 있었다. 춘추시대 狄人이 이 溫邑을 공격하자, 溫子(子는 公侯伯子男의 작위)는 衛나라로 도망하여 자신의 봉지였던 溫을 성씨로 하였다.

③ 극성郤姓에서 기원

춘추시대 晉나라 대부 郤至가 온읍을 봉지로 받아 온계라 하였다. 뒤에 그 땅이 폐지되자, 그 자손이 봉지 이름을 성씨로 한 것이다.

④ 외족의 개성

北朝 後魏 鮮卑族의 叱溫氏, 溫盆氏, 溫孤氏 등이 中原으로 들어온 뒤 성을 溫으로 하였다. 唐 武則天 때 西域 康居國이 항복해 오면서 그 국왕이 온씨를 성으로 하였다. 淸代 山東 德州 일대에 살던 回族에 溫姓이 있었으며, 이들은 필리핀 蘇祿國에서 온 王族 후예라 하였다.

군망(郡望) : 太原·平原郡.


역사상 주요 인물

【溫嶠】 동진 江州刺史.
【溫子昇】 북조 後魏 中軍大將軍.
【溫大雅】 당초 工部尙書.
【溫彦博】 당대 재상.
【溫庭筠】 당대 시인.
【溫仲舒】 북송 參知政事.
【溫體仁】 명대 大學士.
【溫汝能】 청대 문학가.

## 322
### 別(Bié): 별

別 주로 섬서 등지에 분포함.

원 류

◎ 周나라 예법에 諸侯와 公卿大夫의 장자를 '宗子'라 하였으며, 그 종자가 낳은 아들 중에 둘째를 '小宗', 그 소종이 다시 아들을 낳아 그 둘째를 '別子'라 하였다. 別子는 감히 조상의 성씨를 쓸 수가 없으며, 조상의 字나 관직, 작위, 시호 등을 성씨로 삼거나 그것도 여의치 않을 경우 따로 성씨를 만들기도 하였다. 이에 이를 제대로 취하지 못하여 그대로 別子의 '別'을 성씨로 삼아 적서의 지위를 표시한 것으로 보인다.

군망(郡望) : 京兆·天水郡.

역사상 주요 인물

【別傪】 당대 義軍牙將.
【別之傑】 남송 參知政事.

### 323
### 莊(zhuāng): 장

莊 주로 廣東, 浙江, 江蘇, 臺灣 등지에 분포함.

원류

① 자성子姓에서 기원

춘추시대 宋(子姓) 戴公의 이름이 武, 자가 莊이었다. 그 지손의 서손들이 조상의 자를 성씨로 삼은 것이다.

② 미성羋姓에서 기원

춘추 오패의 하나인 楚 莊王의 이름은 '羋旅'이며 시호는 '莊'이었다. 그 지손 서손들이 조상의 시호를 성씨로 삼은 것이다.

③ 東漢 明帝 劉莊의 이름을 피휘하여 莊씨들은 같은 뜻의 '嚴'씨로 바꾸었다가 한나라가 망한 뒤 일부가 다시 옛 성을 회복하여 역사적으로는 "莊嚴一家"라는 말이 전해지고 있다.

군망(郡望) : 天水·會稽郡.

### 역사상 주요 인물

【莊周】 전국 楚 사상가, 《莊子》 저술.
【莊忌】 서한 문학가.
【莊綽】 남송 학자.
【莊肅】 원대 장서가.
【莊際昌】 명대 장원.
【莊有恭】 청대 서예가.
【莊存與】 청대 禮部侍郞.
【莊有可】 청대 학자.

〈莊子〉《三才圖會》

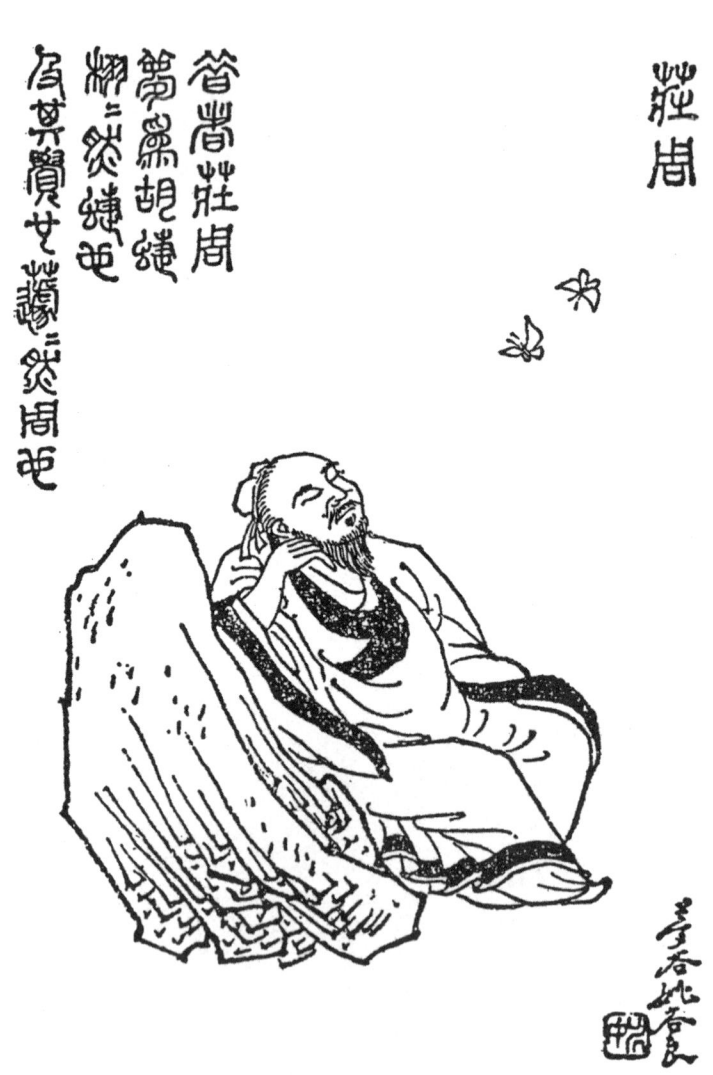

莊子(莊周) 夢谷 姚谷良(그림)

## 324
## 晏(Yàn): 안

 주로 湖北, 四川, 江西 등지에 분포함.

(원류)

① 인명에서 기원

고대 黃帝 때 대신 晏龍이 있었으며, 그 자손이 이 성씨를 이어간 것이다.

② 高陽氏에서 기원

顓頊 高陽氏 후손으로 陸終의 다섯째 아들 이름이 晏安이었으며, 그 후손이 그 이름을 성씨로 취한 것이다.

③ 강성姜姓에서 기원

춘추시대 齊(姜姓)나라 공족 대부로써 晏弱이 있었으며, 그는 晏(지금의 山東 齊河縣 서북 晏城)에 봉을 받아 성씨를 얻게 된 것이다. 그 아들 晏子 (晏嬰)이 재상으로 이름을 떨쳤으며, 그 뒤 성씨로 굳어진 것이다. 한편 제나라는 晏, 高, 國, 鮑 4大姓이 望族으로 卿士를 세습하였다.

군망(郡望) : 齊郡.

### 역사상 주요 인물

【晏嬰】 춘추 齊 명재상, 《晏子春秋》.
【晏稱】 동한 司隷校尉.
【晏殊】 북송 재상, 詞人.
【晏幾道】 북송 사인, 晏殊의 아들.
【晏敦復】 남송초 吏部侍郞.

晏子(晏嬰)

## 325
柴(chái): 시

 주로 湖北, 山東 등지에 집성촌을 이루고 있음.

원류

① 강성姜姓에서 기원

姜太公(呂尙)의 후손 齊 文公의 아들 公子 高가 있었으며, 그 손자의 이름이 傒였다. 이에 그 조부의 자를 따라 高傒라 불러 이가 高氏의 시조가 되었다. 그런데 고혜의 17세손 高柴가 孔子의 제자가 되었으며, 그 손자 高擧가 다시 조상의 이름을 취하여 柴擧라 불렀다. 그 후손이 이에 '柴'자를 성으로 삼았으며, 高柴를 시조로 받들게 되었다.

② 외족의 개성

明初 원래 원나라 몽고족의 귀족 중에 많은 이들이 柴姓을 하사받았으며, 청대 滿洲 八旗 중에 賽密勒氏가 성을 柴氏로 바꾸었다.

군망(郡望): 平陽郡.

### 역사상 주요 인물

【柴武】 서한초 명장.
【柴紹】 당초 雷國公.
【柴榮】 오대 後周 世宗.
【柴禹錫】 북송 樞密副使.
【柴潛道】 원대 학자.
【柴望】 명대 兵部尙書.
【柴紹炳】 청대 학자.

326

瞿(Qú): 구

瞿 주로 浙江, 四川, 陝西 등지에 분포함.

원류

① 지명에서 기원

商나라 때 대부 하나가 瞿上(지금의 四川 雙流縣)에 봉을 받아 구보(瞿父)라 불렸다. 그 자손이 봉읍을 성씨로 삼은 것이다.

② 인명에서 기원

춘추시대 魯나라에 商瞿라는 자가 있어 자가 子木이었으며 공자의 제자였다. 그 후손이 조상의 이름을 취하여 성씨로 삼은 것이다.

군망(郡望) : 松陽縣.

> 역사상 주요 인물

【瞿君武】동한 술사.
【瞿信】원대 학자.
【瞿佑】명초 학자.
【瞿九思】명대 학자.
【瞿式耜】명말 대신.
【瞿紹基·瞿鏞】부자 모두 청대 장서가.

## 327
## 閻(Yán)：염

閻 중국 50大姓의 하나. 500여만 명(현재 중국 전체 인구의 약 0.41%). 주로 河南, 河北, 隴西 등지에 분포함.

원류

① 희성姬姓에서 기원

하나는 서주 초 周 武王이 太王의 장자 泰伯의 증손 伯奕을 閻鄕(지금의 山西 運城市)에 봉하여, 그 후손이 봉지를 성씨로 삼은 것이나. 다음으로 서주 전기 周 康王이 그 막내아들을 閻邑(지금의 山西 安邑縣 서쪽)에 봉하여 그 자손이 역시 봉지를 성으로 삼은 것이다. 세 번째는 춘추시대 晉(姬姓) 成公의 아들 公子 懿가 閻 땅을 식읍으로 받았으나, 뒤에 晉나라에게 망하자, 그 자손이 河洛 각지로 흩어져 살면서 옛 읍 이름을 성씨로 한 것이다.

② 미성羋姓에서 기원

楚(羋姓)나라 대부로써 閻 땅을 식읍으로 받은 자가 있어 그 후손이 이를 성씨로 삼은 것이다.

③ 외족의 개성

청대 滿洲族 八旗의 布雅穆齊氏가 집단적으로 閻을 성씨로 정하였다.

군망(郡望) : 太原・天水郡.

### 역사상 주요 인물

【閣敖】춘추 楚 대부.
【閣纘】서진 漢中太守.
【閣立本】당대 재상, 서화가.
【閣仲】남송 화가.
【閣公貞】금대 명신.
【閣若璩】청대 학자.
【閣爾梅】청대 시인.

328
充(Chōng): 충

원류

① 관직 이름에서 기원

周나라 때 '充人'이라는 관직이 있었으며, 제사에 쓰일 희생 가축을 기르는 일을 담당하였다. 뒤에 이 직명에서 성씨가 유래되었다.

② 姜姓에서 기원

춘추시대 齊나라 국성인 姜氏 중에 '充閭'라는 자가 있어 그 후손이 이를 성씨로 삼았다.

군망(郡望) : 太原郡.

### 역사상 주요 인물

【充虞】 전국 맹자 제자.
【充尙】 秦 방사.

### 329
### 慕(Mù): 모

 주로 陝西省에 집중적으로 분포함.

(원류)

① 유우씨有虞氏에서 기원

舜임금 有虞氏의 조상 중에 虞幕이 있어 그 지손과 서손들이 조상의 이름을 성씨로 삼았으며, '幕'자가 변하여 '慕'자가 된 것이다.

② 선비족 慕容氏에서 기원

東晉 때 五胡十六國 중에 鮮卑族 慕容光이 燕(前燕)나를 세웠으며, 그 지손과 서손들이 北朝의 後魏 때 그 글자를 줄여 慕氏라 하였다.

(군망(郡望)) : 敦煌·吳興郡.

### 역사상 주요 인물

【慕興】남송 團練使.
【慕洧】금대 經略使.
【慕完】원대 刑部侍郎.
【慕天顔】청대 江蘇巡撫.

## 330
### 連(Lián): 련

 주로 河南, 四川, 福建 등지에 분포함.

[원류]

① 高陽氏에서 기원

전욱 고양씨의 후예 陸終의 셋째 아들 惠連이 있었으며, 그 후손이 그 이름을 성씨로 삼은 것이다.

② 강성姜姓에서 기원

춘추시대 齊(姜姓)나라 공족 대부 이름이 姜連이라는 자가 있어, 그 후손이 그 이름을 성씨로 삼았다.

③ 미성羋姓에서 기원

춘추시대 楚(羋姓)나라 공족 대부로 連敖, 連尹 등의 관직을 지낸 자가 있어, 그 지손의 서손들이 조상의 관직 이름을 성씨로 삼은 것이다.

④ 외족의 개성

北朝 後魏 때 선비족의 地連氏와 是連氏, 그리고 高車族의 太連氏 등이 모두 連氏로 성을 삼았다.


군망(郡望) : 上黨·馮翊郡.


역사상 주요 인물

【連總】 당대 진사.
【連庶·連庠】 형제 모두 북송 名吏.
【連南夫】 남송초 廣東轉運使.
【連三益】 남송 廣州通判.
【連均】 명대 江西布政使.
【連城璧】 명말 御史.

## 임동석(茁浦 林東錫)

慶北 榮州 上茁에서 출생. 忠北 丹陽 德尙골에서 성장. 丹陽初中 졸업. 京東高 서울敎大 國際大 建國大 대학원 졸업. 雨田 辛鎬烈 선생에게 漢學 배움. 臺灣 國立臺灣師範大學 國文硏究所(大學院) 博士班 졸업. 中華民國 國家文學博士(1983). 建國大學校 敎授. 文科大學長 역임. 成均館大 延世大 高麗大 外國語大 서울大 등 大學院 강의. 韓國中國言語學會 中國語文學硏究會 韓國中語中文學會 會長 역임. 저서에《朝鮮譯學考》(中文)《中國學術槪論》《中韓對比語文論》 편역서에《수레를 밀기 위해 내린 사람들》《栗谷先生詩文選》. 역서에《漢語音韻學講義》《廣開土王碑硏究》《東北民族源流》《龍鳳文化源流》《論語心得》〈漢語雙聲疊韻硏究〉 등 학술 논문 50여 편.

임동석중국사상100

# 백가성 百家姓

作者未詳 / 林東錫 譯註
1판 1쇄 발행/2010년 6월 1일
발행인 고정일
발행처 동서문화사
창업 1956. 12. 12. 등록 16-3799(윤)
서울강남구신사동540-22 ☎546-0331~6 (FAX)545-0331
www.epascal.co.kr
잘못 만들어진 책은 바꾸어 드립니다.

＊

이 책의 출판권은 동서문화사가 소유합니다.
의장권 제호권 편집권은 저작권 법에 의해 보호를 받는 출판물이므로 무단전재와 무단복제를 금합니다.
이 책의 일부 또는 전부 이용하려면 저자와 출판사의 서면허락을 받아야 합니다.

＊

사업자등록번호 211-87-75330
ISBN 978-89-497-0620-7  04080
ISBN 978-89-497-0542-2  (세트)